크리스천 딜레마

# 교회를 옮기고 싶어요!

To.

........................................................

........................................................

........................................................

*From.*

크리스천 딜레마

**교회를 옮기고 싶어요!**

**초판인쇄** · 2014년 7월 5일
**초판발행** · 2014년 7월 10일

**지 은 이** · 이영재
**펴 낸 이** · 배수현
**디 자 인** · 김화현
**제　　작** · 송재호
**홍　　보** · 전기복
**출　　고** · 장보경
**유　　통** · 최은빈

**펴 낸 곳** · 가나북스 www.gnbooks.co.kr
**출판등록** · 제393-2009-000012호
**전　　화** · 031-408-8811(代)
**팩　　스** · 031-501-8811

ISBN 978-89-94664-70-5(03230)

크/리/스/천/딜/레/마

저자 · 이영재

교회를

옮기고 싶어요!

+ 가나북스

크리스천 딜레마

# 교회를 옮기고 싶어요!

·

# 목 차

:: 프롤로그 · 6

1과 ::

대박을 구하는 거 기복 아닌가요? · 9

‖ 기복인가? 축복인가?

2과 ::

술, 담배 하는 게 죕니까? · 41

‖ 율법의 문제인가? '덕'의 문제인가?

3과 ::

예수 믿은 지 오래되었는데 왜 도통 변하지 않죠? · 73

‖ 성령인가? 종교인가?

4과 ::

교회에 열심히 다니는데도
왜 삶에 어려움이 많지요? · 105

‖ 성화로 만족해야 하나? 성공에 도달해야 하나?

5과 ::

이놈의 직장, 확 때려치우고 싶어요! · 137

‖ 일상과 환상 중에 내가 살고 있는 곳은 어디인가?

6과 ::

설교시간에 통 은혜를 못 받아요! · 169

‖ 청중의 문제인가? 설교자의 문제인가?

7과 ::

교회를 옮기고 싶어요! · 201

‖ 개인의 문제인가? 공동체의 문제인가?

:: 에필로그 · 234

## 프롤로그

이따금씩 찾아오는 성도들의 신앙상담을 하게 되었고 점차 그 내용
들이 쌓이다 보니 일정 분량의 노하우가 생겼고 그것을 바탕으로 마
침 매주 월요일에 모이는 신우회 예배에서 시리즈로 설교를 하게 되
었습니다. 우리가 살아가며 부딪히는 인생의 문제가 전혀 다른 것 같
지만 큰 틀에서 보면 비슷비슷하다는 것을 알게 되었습니다. 여기에
실린 고민들은 상담을 하러 온 사람들만의 문제가 아니라 실은 목사
이기 전에 성도로서 내 자신이 겪고 있는 고민이기도 했습니다.

이 책에 실린 고민들은 크리스천이라면 누구나 한 번 쯤은 갖게 되
는 것들입니다. 비록 딜레마에 빠지기도 하지만 이는 좀 더 성숙한
그리스도인으로 성화하기 위한 일종의 성장통입니다. 그러니 딜레
마에 빠졌다고 너무 고민하지 말고 그 과정을 거쳐서 나오면 한 단
계 더 성장하여 믿음이 숙성될 뿐만 아니라 내가 빠졌던 부류의 회

의나 시험에 든 다른 사람들을 능히 도와줄 수 있는 사람으로 세워
질 것입니다.

나이가 들면 누구나 성인이 되지만 그 나이에 걸맞은 어른이 되기란
쉽지 않습니다. 우리의 사회가 점점 어려워지는 이유는 성인이 없어
서가 아니라 어른 역할을 해 주는 사람이 많지 않기 때문이라고 생각
합니다. 어른이 있어야 후진들에게 모범도 되고 방향 제시도 할 텐데
그러한 역할을 해주는 각계의 어른이 적다는 게 우리 사회가 가진 문
제란 생각이 듭니다. 성인과 달리 어른은 물리적인 시간의 양이 채워
졌다고 저절로 되는 게 아닙니다. 갑자기 한순간에 변화되어 이루어
지는 것이 아니고 과정으로서 숱한 시행착오를 극복해가면서 점차
어른이 되어 갑니다.

영적성숙도 이와 다르지 않습니다. 영적인 고민과 시행착오를 수없
이 반복하면서 우리는 자라납니다. 그러니 우리가 신앙생활을 하면
서 회의에 들고 딜레마에 빠지는 것은 자연스러운 과정이라고 여겨
집니다. 영적인 성장통 없이 성숙의 자리에 도달할 수는 없습니다.
오히려 내가 딜레마에 빠져본 만큼 신앙이 더욱 확고해지며 비슷한
유형의 어려움에 빠진 사람들을 도와줄 수 있습니다. 상처받은 치유
자(The Wounded Healer)가 더 많은 사람을 치유할 수 있듯이 말
입니다.

이 책은 초신자나 구도자보다는 교회에 다닌 지 10년 이상 된 분들, 그리고 그분들 중에서도 매우 열정적으로 헌신을 해본 사람들에게 유익한 내용입니다. 적어도 교회에서 '신앙 좋다'는 말을 들어본 사람 중에 딜레마에 빠진 사람이거나, 혹은 예전엔 누구 못지않게 주님을 사랑하고 뜨거웠는데 권태기(?)에 빠져 스스로 정죄감이 들거나, 혹은 신앙생활이 예전 같지 않아 고민하고 있는 사람들에게 좀 더 유익하리라 여겨집니다. 영적성숙의 지평이 열리기 위해선 현재 단계의 자신의 틀을 깨야만 합니다. 그 틀을 깨뜨리는 과정의 일환으로 딜레마에 빠진 것은 은혜입니다.

은혜의 자리로서 신앙의 딜레마에 빠진 모든 주의 자녀들에게 부족하나마 이 글을 헌정합니다. 그리고 이러한 딜레마의 신비가 활자로 나오기까지 동역하고 수고해 주신 분들에게 특별한 감사를 드립니다. 언제나 옆에서 신실한 버팀목이 되어 주신 이주상 목사님, 신의로서 부족한 종을 섬겨주시는 최완일 회장님, 사랑하는 펠다의 신우회 교우들, 출판하여 주신 가나북스의 배수현 장로님, 그리고 영원한 동역자 아내 배진옥, 하연이, 서준이 이하 도움을 주신 많은 분들에게 우리 주님의 풍성한 은혜가 있으시길 기도합니다. 마지막으로 이 글을 읽는 모든 분들에게 성령하나님의 특별한 만져지심이 있기를 기도합니다. 부족하나마 이 글을 통해 여러분의 딜레마가 성숙의 디딤돌로 바뀌게 되는 역사가 있기를 기원합니다.

# 1과
·
# 대박을 구하는 거 기복 아닌가요?!

## ‖ 기복인가? 축복인가? ‖

·

† 축복과 기복의 사이에서 딜레마에 빠지다.
- 대박의 딜레마

† 선과 악은 피조물 그 자체로 결정되는 것이 아니라 그것을 다루
는 존재의 영성에 달려 있다.
- 대박의 영성

† 성숙의 삶은 파이를 독점하지 않고 주변에 환급시킨다.
- 대박의 원리

† 사명의 자리에서 거둔 열매를 통해 신앙의 대박을 만나다.
- 대박의 방향

·

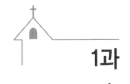

# 1과
## 대박을 구하는 거 기복 아닌가요?!
### ‖ 기복인가? 축복인가? ‖

## † 축복과 기복의 사이에서 딜레마에 빠지다.
### – 대박의 딜레마

신앙생활의 대가로 고난을 듬뿍 받거나 가난해지고 싶은 사람이
과연 이 세상 어디에 있겠는가? 예수 믿는 상급으로 이왕이면 세
상에서 성공하고 부유해지고 싶어 한다. 겉은 다 하나님의 영광을
얘기하지만 그 속내는 하나님의 덕을 입어 개인의 영광을 받는 것
이 인간의 바람이자 부인할 수 없는 종교의 속성이다. 이것을 부
정하는 경우는 대개 둘 중의 하나일 것이다. 역사적으로 사도 바
울의 위치나 간디 정도의 역할을 부여받고 태어난 비범(非凡)한
사람이거나 아니면 기복신앙의 부작용에 체해서 위도(緯度)상 기
복의 정반대 편으로 도망간 사람일 것이다.

무릇 크리스천만 아니라 모든 종교인들은 자신이 믿는 종교를 발판 삼아 잘 살고 싶어 한다. 종교를 갖는 사람들의 속셈은 내세뿐 아니라 현세에서도 잘 살고 싶은 의도가 들어 있다. 우리가 다니는 교회 안에는 그래서 "들어가도 복 받고, 나가도 복 받고 싶은 이들"로 항상 북적인다. 좀 경망스럽지만 이러한 복에 대한 리얼한 표현이 바로 '대박'이다. 복을 받아도 이왕이면 많이 받아 '대박'이 나기를 원한다." 한때 유행했던 광고 문구 중에 하나가 "부자 되세요!"였다. 대중의 심리를 잘 반영하지 못하면 광고는 생명력을 잃는다.

우리가 접하는 대부분의 간증은 예수 믿고 그 덕에 성공한 이야기들이다. 예수님을 믿었더니 그 덕에 쪽박이 났다는 간증을 하는 이를 본 적도 없고 당연히 들어본 적도 없다. 이는 신앙에 대한 인간의 기대 심리를 반영한다. 신앙생활을 열심히 하여 남들 공부할 때 주일성수하고 일할 때에 열심히 봉사를 했더니 주님이 주신 특별한 지혜로 책 내용이 통째로 암기되어 수석 합격을 했다거나 안되던 사업이 갑자기 대박이 났다는 식의 간증이 주(main)를 이룬다. 그러나 자칫 축복과 기복의 사이에서 균형을 잃으면 일상의 성실은 우매함이 되어 로또신앙으로 무장한 강철 환도뼈[1]의 야곱만 무성하게 배출한다.

---

1) 야곱의 자기중심성을 상징하는 단어이다. 성화가 덜 된 인간일수록 환도뼈는 살아있다.

기복신앙의 문제는 하나님이 주(主)님이 되는 것이 아니라 알라딘 램프의 지니(奴)가 된다는 데에 있다. 의식이 낙후된 신앙계에는 이스라엘은 없고 온통 야곱으로만 득실거린다. 야곱 목사님, 야곱 장로님, 야곱 권사님, 야곱 집사님으로 교회가 가득하고 야곱보다 한 수 위의 라반 당회장, 라반 노회장, 라반 총회장으로 교단이 채워지면 교회가 가진 대박은 하나님의 살아계심을 나타내는 증거이기보다 되레 기독교에 대한 의문부호이거나 회의(懷疑)의 느낌표로 바뀌게 된다.

성공에 대한 크리스천들의 반응은 크게 두 가지이다. 하나님의 이름으로 대박을 구하며 세상에서의 풍요를 곧 주님께 받은 축복의 기준으로 삼는 것이 하나요[2] 기복 신앙인이 풍기는 악취에 미간을 찌푸리며 그 반(反) 정서로 아예 부유한 삶 자체를 부정하는 것이 그 다음이다. 기복(祈福) 교단(?)에서 '야곱 신드롬'에 몸서리를 쳐가며 견디다 못해 결국 그곳에서 보따리를 싸고 나와 새로 만든 노복(No blessing) 교단 가난(Poor) 노회로 적을 옮긴 사람들은 대박이란 단어만 들어도 아예 경기(驚氣)를 일으킨다. 그야말로 자라보고 놀란 가슴 솥뚜껑 보고 놀라는 격이다.

---

2) 주님의 축복이 물질의 풍성으로 올 수도 있다. 그러나 '축복=물질의 풍요'라는 이분법적 사고의 위험은 주님이 주시는 연단의 깊이를 제한한다. 그러면 기근 중에 있는 사람들은 죄다 믿음의 부족으로 인하여 하나님께 저주를 받은 형국이 되고 만다. 그러면 기독교보다 좀 더 부자가 많은 불교나 남녀호랑교로 개종하는 편이 그것을 말하는 사람의 복음에 합당할 것이다.

야곱의 성향을 갖고 있지만 야곱 증후군의 부작용 때문에 그것에 대한 반(反) 정서를 갖게 된 이들이 적지 않다. 이런 경우 본의 아니게 성공하고 싶은 자신의 속마음까지 부정하게 되어 '부'도 찜찜하고 '가난'도 부담되어 그 어떤 동네에도 속하지 못하는 불법체류자가 된다. 실용주의[3]를 판단하는 이들 가운데에는 '한 맺힌' 실용주의의 실패자들이 다수 있다. 괴변에 빠진 이들 배후에는 성공주의에 잔뜩 취한 기복교단의 사람들이 있다. 그래서 우리는 상반된 모습에 각각 시험에 든다. 예수를 믿어도 맨 실패하고 가난에 찌든 이들로 인해 딜레마에 빠지거나 반대로 하나님을 매개로 입신양명을 추구하는 이들의 자태에 회의에 빠진다. 사실 이 두 모습 다 믿음의 덕을 세우지 못한다.

이쯤 되면 신앙생활에 있어 우리는 큰 딜레마에 빠진다. 특히나 두 교단에 모두 속해 본 사람이라면 더욱 그렇다. 예수의 이름으로 대박을 구하는 것이 과연 "신앙적인 자세인가? 아니면 세속적인가?"라는 고민에 빠지게 된다. 내 필요와 소원만 드리따 구하는 간구 중심의 기도는 타종교의 기도와 다를 바가 하나도 없다. 새벽기도와 철야기도가 기독교만의 전유물은 아니다. 사실 개신교의 기도보다 더 열정적이고 신심이 깊은 기도가 타종교에는 훨

---

3) 실용주의 자체가 나쁜 것은 아닐 것이다. 이기적인 형태의 실용주의가 문제가 될 뿐 타인을 섬기기 위해서는 무언가의 실존이 반드시 필요하다. 말과 혀로만 하는 사랑은 죽은 것이다. 이타적 실용주의만큼 거룩한 것도 없다. 예수님의 십자가는 죄인인 우리에게 최고의 이타적 실용주의다.

씬 더 많다. '복 달라'는 기도로만 채워진 기도가 종교의 레벨에서 보면 권장할만한 것인지 의식이 있는 사람이라면 한 번쯤 고민하게 될 이슈이다.

축복과 기복의 사이에서 줄타기를 하면서 "기독교의 기도가 과연 타종교의 기도와 구별되는 것은 무엇인가?"를 고민하게 되고, 성공과 성화의 사이에 있는 현실에 끼어서 과연 "무엇이 우선인가?"라는 갈등을 하게 된다. 이러한 딜레마는 영적성숙의 문을 두드리는 이라면 반드시 거쳐야 하는 관문이다. 영(靈)만 너무 강조한다든지 혹은 육(肉)의 일만 추구하는 일 모두 이분법적 사고로 건강한 모습이 아니다. 이 모두 선악과에 감염(?)된 모습들이다.

성공만 너무 강조하여 성화가 흐릿해지면 종교적 메리트가 없어지고 반대로 성화만 남고 성공이 상실되면 현실적 메리트가 약화된다. 이 둘 모두 건강하지 않을뿐더러 덕이 되지도 않는다. 사도 요한의 기도처럼 영혼이 잘 됨 같이 범사에 강건하면 얼마나 좋을까? 그러나 우리 주변을 살펴보면 한쪽으로 치우친 이들로 넘쳐나 괴롭다. 신앙 인품이 그다지 훌륭하지 않은데 세상에서 잘 나가는 사람과 주님께 나름 헌신되어 있는데 가난하고 병든 사람 모두 교회 내에서 목격된다.

신앙도 훌륭하고 물질의 풍요도 함께 가진 성도가 많지 않은 현실은 우리의 고민을 깊게 만든다. 도리어 성화, 성공 모두를 분실하여 그것을 바라보는 주변인은 둘째 치고 본인 스스로 실족하는 경우도 많다. 주님께 대박을 구하는 것이 믿음인지 아니면 제 살을 꼬집어가며 아닌 척하는 것이 믿음인지 헷갈려 하는 이들이 적지 않다. 본 과는 대박과 성공한 삶에 대해 이러지도 저러지도 못한 채 "마음속은 원(?)이로되 겉은 아닌 척하는" 신앙인들의 고민과 갈등의 처방전으로 쓰였다. 이 약발이 부디 효과가 있어 성공에 대해, 대박에 대해 복음 안에서 좀 더 자유로워지게 되기를 바란다.

크리스천
딜레마

16

# † 선과 악은 피조물 그 자체로 결정되는 것이 아니라 그것을 다루는 존재의 영성에 달려 있다.
### – 대박의 영성

하나님이 창조하신 모든 만물은 선하게 창조되었다.[4] 여기서 '선하다'함은 '착하다'는 개념이 아니라 '하나님이 보시기에 좋다'는 뜻이다. 이는 히브리어의 '토브'로 하나님의 계획(생각)대로 만물이 채워져 가는 상태에 대한 히브리인들의 독특한 표현이다.[5]

---

4) 딤전4:4

5) 70인역을 참조하면 신구약의 단어를 호환할 수 있다. 구약의 '토브'와 신약의 '아가도스'는 우리말의 '선하다', '좋다'의 의미로 동일한 관점의 말로 보아도 좋다. 성경의 용어 '좋다'란 '창조주의 뜻에 합하다'란 의미로 우리가 '주님의 섭리'의 방향을 향하게 될 때의 모습이다.

모든 창조물에는 각각 그것이 만들어진 창조 의도가 들어있다. 우주의 창조자가 괜히 심심해서 창조를 한 것이 아니다. 그분이 지으신 것에는 모두 '선한' 목적이 들어 있다. 그 창조 의도대로 되어져 가는 상태가 바로 성경이 말하는 '선'이며 그렇게 채워진 상태가 '충만'이며 그 충만을 이룰 때에 그것은 가장 아름다운 것이다.

정말 아름다운 것은 하나님의 창조 의도대로 사용되거나 그 방향으로 채워져 가는 상태일 때이다. 진정한 미(美)는 성형외과에서 인위적으로 만들어지는 것이 아니라 자신의 정체성을 바로 알아 그 방향 위에 서 있을 때에 드러난다. 세상에서 성공하여 떵떵거리는 사람보다 더 멋있고 더 아름다운 사람은 주님이 주신 사명에 붙잡힌 사람이다. 창세기 1장은 이러한 '선'과 그 선을 채워가는 '충만'에 대한 예증이다. 그리고 이러한 창조의도에서 벗어난 상태가 바로 성경이 말하는 '죄'의 본질이다.[6]

토브의 이해를 돕기 위해 예를 하나 들자면 밥그릇은 밥그릇으로 사용될 때에 가장 아름답고 물컵은 물컵으로 활용될 때에 선한 것이 된다. 세례 요한의 위대함은 창조된 자신의 역할을 충만하게 채운 것에 있었다. 남자로 창조된 이는 남자로 살 때에 아름다운 것이고 바울은 바울대로 바나바는 바나바로 살 때에 선한 것

---

6) 아담이 먹은 선악과의 문제는 그 행위 자체에 있지 않고(과일 하나 먹는 것이 뭐가 문제이리요?), 그가 주님이 주신 창조 계획과 그 의도에서 벗어났기 때문이다.

이다. 바울이 베드로가 될 필요가 없고 베드로가 바울 흉내를 낼 이유가 없다. 만일 디모데가 자신의 선생인 바울이 위대해보여 그의 흉내를 냈다면 이것이야말로 '탕자의 삶'이고 또 이것만큼 꼴불견도 없다.[7]

"모든 피조물이 선하게 창조되었다"는 것은 모든 것에는 하나님께서 창조하신 계획과 의도가 들어있다는 뜻이다. 하나님의 창조물에는 가시적인 것과 비가시적인 것, 물질적인 것과 비물질(관념, 정신)적인 것 모두를 포함한다. 대박과 성공도 다 그렇다. 이는 모두 가치중립의 것으로 "그것이 어떻게 쓰이느냐?"에 따라 선과 악이 결정된다. 하나님의 뜻대로 사용되면 이는 선하고 아름다운 것이다. 창세기 1장의 언어로 표현하면 '토브!'인 것이다. 청지기 훈련의 포인트는 '토브영성'을 배양하는 일에 있다.

예수님의 예루살렘 입성 때 사용된 동물 하나가 있다. 나귀인데 아무 나귀가 쓰인 것이 아니라 주께서 특별히 지정하신(?) 나귀가 출격되었다. 예수님은 자신이 사용할 나귀를 가져오기 위해 제자들을 그 일을 위해 예비된 청지기에게 보내셨다. 주님이 그 나귀 새끼의 주인을 얼마나 신뢰하셨는지 주님의 말씀 속에 그 신뢰함

---

7) 우리 대부분은 삶과 신앙의 롤모델이 있다. '참나'를 찾아가는 길목에서 '그 나'를 맞이하기 위한 과정으로 탕자가 되는 것은 어쩔 수 없다. 그러나 이것이 일시적 현상이 아닌 '나다움'을 잃은 결과라면 문제가 된다. 주님이 나를 창조하신 이유는 유명한 누구처럼 되기 위해서가 아니라 나의 나됨이 필요해서이다.

이 녹아져 있다. 예수님께서 "보내리라"는 그의 동작(순종)에 덧붙이신 '즉시'라는 부사(副詞)에는 나귀 주인을 향한 청지기로서의 인정(approval)이 듬뿍 담겨 있다.

.

"주가 쓰시겠다 하라. 그리하면 그가 즉시/ 보내리라!"

(마21:3)

.

이 구절에는 평상시 나귀의 주인이 얼마나 청지기적 삶에 충실하였는지 잘 나타나 있다. 주님의 일이라면 그는 두 발 벗고 나선다는 예수님의 기대와 신뢰가 담겨 있다. 주님이 보이지 않는 '불꽃같은 눈'으로 나귀 주인의 평상시 삶을 보셨다는 것을 시사한다. 우리는 여기에서 주님의 '보시니'의 사역을 발견한다. '온 땅을 두루 감찰하시는 여호와의 눈'은 우리의 중심을 보시고 폐부를 살피신다. 예수님께서 제자들을 부르시는 장면이 복음서와 나온다. 그런데 흥미로운 것은 부르시는 사건 전에 등장하는 성경의 증언이다. 그 증거의 현장으로 가 보자.

.

"갈릴리 해변에 다니시다가

두 형제 곧 베드로라 하는 시몬과 그 형제 안드레가

바다에 그물 던지는 것을 *보시니*

저희는 어부라 말씀하시되 나를 따라오너라"

(마4:18~19)

·

"거기서 더 가시다가 다른 두 형제

곧 세베대의 아들 야고보와 그 형제 요한이

그 부친 세베대와 한가지로

배에서 그물 깁는 것을 *보시고* 부르시니"

(마4:21)

·

크리스천
딜레마
·

20

위에 나오는 제자들의 직업은 어부였다. '그물을 던지고', '그물을 깁는 일'은 어부의 일상이다. 제자들이 '일상의 자리'에서 성실의 땀을 흘리는 것을 '보시고' 그들에게 사명 영장을 발부하신 것이다. '작은 일'에 충성한 자가 '큰 일'에도 충성하는 원리 때문이다. 예수님은 아무 때나 부름을 주시지 않았다. 그분은 항상 우리의 일상을 주시하고 계신다. 이것이 바로 그분의 '보시니'의 사역이다. 그분은 언제나 은밀히 행한 우리 삶의 행적을 은밀히 갚아주신다. 나귀주인은 주님의 이러한 '보시니' 사역에 부합한 사람이었다. '내 마음에 합한 사람'이라는 극찬을 받았던 다윗도 '보시니' 학점에 A를 받은 사람 중 하나다. 청지기 훈련의 포인트는 하늘의 '보시니' 사역에 인정받는 삶에 있다.

다시 나귀 주인 이야기로 돌아가 보자. 나귀 주인이 받은 축복은 무엇일까? 나귀 한 마리를 잃는 경제적 손실을 감수하면서 그가 얻은 것은 무엇일까? 술집에 갈 때에 타고 가는 나귀가 있다. 다음 장(場) 날에 팔아서 받은 그 돈으로 무엇을 사야 할 나귀도 있을 것이다. 어떤 나귀는 잔칫날 수육(?)으로 쓸 나귀도 있다. 큰 애 학비로 써야 할 몫의 나귀도 있을 것이다. 그러나 이 나귀는 예수님의 예루살렘 입성 때 그분을 싣고 가야하는 몫으로 준비된 나귀였다. 내게 맡겨진 물질이 하나님 나라에 사용되는 것만큼 청지기에게 기쁨이 되는 것 또한 없을 것이다.

어떤 사업가가 있었다. 호텔에서 조찬 모임을 마치고 나가는 유명한 기업가에게 먼저 인사를 하라고 그의 아내가 옆구리를 쳤다. 그때 그가 던진 말이다. "내가 왜 인사를 해? 하나님은 저 사람 돈 안 써! 내 돈을 쓰시지. 인사를 하려면 저가 나한테 해야지" 이 집사님의 믿음은 독특했다. 비록 자신의 사업 규모가 저보다는 작지만 자신은 하나님이 쓰시는 청지기라는 자부심이 있었던 것이다. 사업하는 청지기라면 좀 괴짜로 보여도 이 정도의 믿음과 자부심은 있어야 하지 않을까?

이 나귀 주인에게 맡겨진 물질은 하나님의 섭리를 이루는 것에 선하게 사용되었다. 성공과 대박도 마찬가지의 일이다. 그 자체로 선하다거나 악하지 않다. 이는 가치중립의 것일 뿐이다. 대박이나 성공이 주님의 섭리에 사용된다면 이는 거룩한 것이 된다. 다만 문제는 대박을 맞거나 성공한 사람이 이를 잘 사용하지 못할 때에 생기는 것이다. 나귀 주인과 같은 사람에게 대박이 주어지면 하나님의 나라는 이 땅 위에 더 충만히 임할 것이다. 청지기의 준비가 되었다면 그에게 대박은 거룩한 도구가 될 것이다.

대박이란 말이 거룩하지 않다고 느껴지고 '성공'이란 단어가 좀 경망스럽다고 다가온다면 이는 그 사람의 사고에 물질에 대한 특정 이데올로기가 들어 있다는 것의 반증이다. 우리 사회는 '성(性)'이라는 단어를 입에 올리기만 해도 망측해 한다. '성' 자체는 망측한 것도 민망한 것도 아니다. 성은 자연스러운 몸의 일부이며 삶의 한 부분일 뿐이다. 우리가 '눈'이나 '콩팥'을 말하면서 남사스러워하지 않은 것과 다르지 않다. 다만 '성'에 어떤 선입견이 투입되었을 때 말하기가 좀 거시기해지는 것이다. 성(sex)을 말하는 것이 민망한 것이 아니다. 대박에 대해 너무 과잉 반응을 보이는 것은 물질관이 건강하지 않다는 반증이다.

"대박이 신앙적인가? 아닌가?"하는 이슈는 이것을 가진 사람이 누구냐에 따라 달린 것이지 대박 자체로 평가할 수 있는 문제가 아닌 것이다. 흥미로운 예화 하나가 있어 소개한다. 어느 전도자에게 선생님이 계셨다. 어느 날 이 전도자의 삶에 감동을 받은 한 사업가가 자신이 하는 사업 매출의 2%를 선한 일에 써 달라고 말기기로 부탁했다. 그러자 이 전도자는 자신은 그런 일에는 도통 관심이 없다고 거절했단다. 이 말을 전해들은 이 전도자의 선생이 그를 이렇게 꾸지람했다.

.

"네가 정말 욕심이 없다면 5%, 아니 10% 더 달라고 했어야지!
그 돈이 다른 사람에게 주어지는 것보다 그 편이 훨씬 유익하지.
돈이 더 의미 있게 사용될 수 있다면 네가 쓰는 편이 낳지"

.

이런 기회를 붙잡기 위해 혈안이 되어 있는 사회구조 속에서 이를 거절할 수 있는 사람은 훌륭하다. 그러나 그것을 받아 섭리의 방향 위에서 사용할 수 있는 사람은 더 훌륭하다. 자칭 욕심 없다는 크리스천 몇몇을 만나 보았다. 세상이 말하는 이권이나 기회라도 주어질 참이면 손사래 치면서 거절하는 것을 보았다. 이런 소리를 덧붙이면서 말이다. "난 그딴 거 욕심내는 사람 아니요!" 물욕이 없는 것이 아니라 명예욕이 더 커서 더 큰 걸 얻기 위해 작은 걸 포기하는 삶이 과연 진정한 자기부인일까?

남의 것을 빼앗고 이권으로 상처를 난자하는 일이 비일비재한 세상 속에서 없어서 난리인 그 기득권을 거절한다는 것은 분명 자기부인이요 내려놓음이다. 자기 뱃속 채우느라 날름 받아가는 이보다 분명 훌륭하다. 그러나 더 큰 차원에서의 자기부인은 그것을 부정하는 일이 아니라 그것을 잘 사용하는 일일 것이다. 누군가가 진짜 이권에 욕심이 없다면 오히려 그것을 받아 주변을 위해 사용하는 것에 자유로울 것이다. 그런 기회를 주신 것도 주님이기에 '주가 쓰시고 싶은 곳'에 물질을 사용하는 것이 더 큰 믿음이다.

대박이란 단어에 평상심을 잃는 것은 어느 쪽이든 건강한 모습이 아닌 것이다. 집착해서 흥분을 하든 아니면 부정을 하면서 흥분을 하든 양쪽 다 말이다. 대박 자체는 선하지도 악하지도 않다. 그것을 "주인의 뜻대로 사용할 수 있는 지혜가 있느냐?"에 따라 선과 악이 결정될 뿐이다. 우리의 윤리 의식대로라면 주님께 책망을 받았던 한 달란트 받은 종이 욕심 없고 깨끗한 사람일 것이다. 손사래 치며 부정하기보다 대박이 주어져도 선하게 사용할 수 있는 성숙을 가지면 될 터이다. 그러니 결론을 말하자면 대박을 구하느냐 아니냐가 포인트가 아니라 주님 앞에서 영적으로 성숙해지면 되는 문제이다.

영적으로 미숙하면 복이 기복이 되지만 성숙하면 축복이 된다. 즉 이는 물질의 문제가 아니라 물질을 사용하는 주체인 존재의 문제인 것이다. 2천 년 전에 십자가 처형은 가장 부끄러운 죄의 집행이었지만 예수님이란 존재에게 그것이 주어졌을 때에 십자가는 인류를 구원하는 선한 도구로 변한 것이다. 대박을 구하는 것보다 더 중요한 것은 그 대박을 사용할 존재의 존재됨에 달려있다.

.

"주님, 돈을 너무 사랑하지 않게 해 주소서
그러나 동시에 돈에 관심이 없는 양 너무 거룩한 척 위선을 떨지
도 않게 해 주소서
그러기 위해 영적으로 성숙하게 하소서"[8]

.

## † 성숙의 삶은 파이를 독점하지 않고 주변에 환급시킨다.
### – 대박의 원리

누군가가 대박이 나서 그로 인해 주변이 쪽박을 차거나 피해가 간
다면 이는 성숙한 이의 것은 아닐 것이다. 하나님 나라에서 근원
된 복의 성격은 내가 복을 받으면 받을수록 나를 통해 내 주변이
복 받게 되는 것에 있다.[9] 이것이 믿음의 원리요 믿음의 조상 아
브라함이 받은 복이다. 내가 잘 되므로 내 주변이 더불어 잘 되는
것이 크리스천의 축복관이다. 내 지체가 잘 되어야 나도 그 영향

8) 잠30:8~9
9) 창12:1~3

으로 풍요로워지기에 내 형제의 축복이 배 아픈 것이 아니라 기쁨이 된다. 이는 경쟁에 의해 주변을 죽여야만 그 대가로 내가 살 수 있는 세상의 이치와 대치되는 점이다.

창세기 32장에 나오는 요셉의 기사를 보면 '형통케하다'는 동사가 반복되는데 이는 크게 두 가지 사실을 동반한다. '여호와께서 함께 하셨다'는 사실과 '형통하다'는 동사가 타동사(他動詞)라는 점이다. 즉 내 스스로 나를 형통케 할 수 없다. 그럴 수만 있으면 누군들 형통 안 하랴? 만물의 주인이신 하나님께서 형통케 하셔야만 우리는 형통할 수 있다. 그리고 그리스도인의 형통은 그가 섬겨야 할 사람들과 사역을 향해 흐르고 있다.

하나님이 주어(主語)이시면 나는 목적어 자리에 들어간다. 내가 만일 주어의 자리에 들어가면 다른 이가 목적어 자리에 위치해 나는 누군가를 형통케 하는 위치에 있게 된다. 즉 하나님께서 나를 통해 누군가를 축복하신다는 뜻이다. 내가 목적어의 자리 있든 주어의 자리에 있든 이는 하나님의 주권이다. 다만 우리가 기억할 것은 내가 할 수 있는 것은 내 주변을 복되게 하는 일이다. 하나님은 나를 복되게 하시고 나를 통해 내 주변을 복되게 하신다. 남을 복되게 하는 만큼 그 복은 내 삶을 관통해 나가기 때문에 그만큼 나 자신도 복되게 된다. 나를 통해 복을 받을 사람의 몫까지 청지기인 내가 복을 받는 것이다. 그리고 주변의 몫까지 복

을 받은 나는 그 몫의 배정자에게 그것을 돌려주는 청지기로 살
면 될 뿐이다.

나는 아브라함의 후손이요 그리스도의 자녀로서 복의 근원이며
축복의 통로이다. 그래서 내가 복을 많이 받으면 받을수록 좋다.
그래야만 나를 통해 복 받을 이가 늘어나고 많은 이들이 나를 통
해 그 복을 수혈 받기 때문이다. 내가 100원 만큼 받으면 내가 줄
수 있는 것의 최대치가 100원이다. 10,000원이면 그만큼 유통의
분량이 늘어난다. 따라서 기복신앙이 거울이 되어 나는 저러지 말
아야지 하며 복을 사양하는(?) 소극적 자세보다는 축복신앙을 거
울삼아 더 많이 받아 더 많이 유통시키는 복의 근원이 되려는 적
극적 자세가 필요하다.

물질이 문제가 아니라 물질을 다루는 존재의 영성이 문제가 될 뿐
이다. 자기 몫이 아닌데도 그것을 가로챈 엘리야의 시종 게하시처
럼 청지기 영성 없이 물질을 소유할 때 문제가 된다. 다윗과 솔로
몬의 차이는 "많이 받아도 그것으로부터 자신을 지킬 영성이 준비
되었는가? 아닌가?"에 있었다. 대박을 구하기 전에 그것을 관리
할 수 있는 영적성숙을 구하는 것이 은혜다. 성숙하면 성숙할수록
대박은 많은 이를 위한 은혜요 축복이다. 그러나 미숙한 상태에서
소위 세상이 말하는 대박이 터지면 이는 대박이 아니라 재앙이다.
왜냐하면 이 대박은 주변을 복되게 하지 못할뿐더러 머지않아 자

기 자신까지 갉아먹을 독(毒)이 되기 때문이다.

누군가가 성숙하지 않아 덕을 세우는 삶이 뒷받침 되지 않으면 그의 대박에 대해 많은 이가 불쾌하고 기분 나빠 할 것이며 더 나아가 하나님의 공의에 대해 불만을 가질 것이다. 그러나 그의 성숙으로 인해 많은 이가 덕을 보고 이득을 본다면 그가 대박나면 날수록 좋아할 것이다. 그러니 신앙인의 바른 자세는 대박에 대해 집착할 것도 없고 그렇다고 그것을 부정할 것도 없다. 그보다 위에서 언급한 것처럼 영적으로 성숙해져서 아브라함처럼 복의 근원으로 세워지면 될 터이다. 예수님처럼 많은 사람을 섬기려고 하면 할수록 대박은 신앙적인 형태가 된다.

실재로 있었던 예화다. 대박난 사업 때문에 바빠져서 그만 주일도 자주 빼먹는 성도의 사업장에 어느 목사님이 심방을 가셨다. 목사님이 그 집사님 앞에서 큰 소리로 이렇게 기도하셨단다. "주님, 이 형제가 사업 때문에 주님과 점점 멀어지니 부디 쪽박 나게 하옵소서" 베드로가 만난 더 큰 대박은 만선이 아니라 그것을 통해 살아계신 하나님을 만난 일이다. 그를 통해 그 복이 주변에 흘러가도록 복음의 문이 열린 것이 그가 만난 진짜 대박이었다. 위 예화의 사업하시는 집사님에게 정말 필요한 대박은 사업장의 확장보다도 그의 삶에 주인되시는 하나님과의 만남이었을 것이다. 이를 위해 사업이 혹 쪽박이 난다면 그래서 주님이신 하나님을 만나기만

한다면 이는 쪽박이 아니라 진짜 대박인 것이다.

나로 인해 복을 받을 사람이 많아지고 나를 통해 주변에 은혜가 흘러간다면 다른 사람들에게 복을 주시기 위해 주님은 기꺼이 나를 복되게 하실 것이다. 그러니 신앙인의 복에 대한 바른 자세는 나만 바라보는 것이 아니라 나를 통해 복 받을 사람들(향해 있는 주님의 뜻)까지 바라보는 것이다. 나를 통해 복음을 들을 사람이 있어야 그 복된 소리가 내 삶을 관통하며 나를 먼저 복되게 할 것이요 나를 통해 길을 찾을 사람이 있어야 그 길이 나를 통해 먼저 열리게 될 것이다.

오병이어로 수천 명을 복되게 하는 주님의 청지기가 되었던 한 소년은 자신의 그 작은 도시락이 그 많은 사람을 다 먹이고도 13광주리가 넘게 남는 것을 경험하였다. 굳이 사람들 숫자에 딱 맞게 도시락을 불리시지 않고 13광주리나 남기신 이유가 궁금하지 않은가? 그 숫자를 딱 맞추시기에 주님의 능력이 부족했기 때문이라고 생각하는 사람은 없을 것이다. 성경에 나오지는 않지만 도시락을 돌려받고 돌아가는 소년의 뒷모습이 그려진다.

예수님은 부활의 첫 열매가 되시기 위해 먼저 무덤에 들어가셔야 했다. 굳이 죽을 필요도 다시 살 필요도 없는 분이셨지만 복의 근원이시기에 그러한 수고를 감당하신 것이다. 이것이 그리스도인이 걸어가야 하는 삶의 여정이다. 우리 각자는 개인의 삶을 살뿐만 아니라 복을 나누어야 할 사람들의 몫을 받기 위해 복음의 수고를 감당해야 한다. 그리고 이 수고를 통해 우리는 기독교식 대박을 맞이한다. 다만 성숙하지 않은 우리는 고난 없이 영광만 보려고 하고, 죽음은 생략하고 부활만 경험하려는 이기심이 문제가 될 뿐이다. 자기중심성의 어린 신앙이 자라나 이타적 삶의 성숙이 묻어난다면 대박은 기복이 아닌 축복의 소리를 내며 많은 이를 풍요롭게 할 것이다.

## † 사명의 자리에서 거둔 열매를 통해 신앙의 대박을 만나다.
### – 대박의 방향

주님의 간섭으로 하루 만에 쪽박과 대박 모두를 경험한 사람이 있었다. 어부 베드로였다. 어부로서 만선(滿船)과 공선(空船)을 맞는 것은 평생에 몇 번 경험할까 말까 하는 흔치 않은 일이었지만 베드로는 하루 만에 이 둘 모두를 경험한다. 그는 이 일을 통해 자신을 찾아오신 분이 환경을 주관하시는 하나님이심을 알게 된다. 그리고 물고기 잡던 어부에서 사람 낚는 어부로 자신을 부르시는 주님을 경험한다. 이날 만선의 사건은 후일 그의 간증으로 수천 명이 주께 돌아오는 사도행전 2장의 예표가 된다.

양을 돌보던 목동 다윗은 이스라엘 백성을 목양하는 왕으로 세워
진다. 양 똥이나 치우던 목동에서 한 나라의 왕(King)이 되어 남
들이 부러워하는 인생 대박을 쳤던(?) 다윗의 성공은 통일 이스라
엘을 이뤄야 하는 사명을 수행하기 위한 섭리로 주어진 자리였다.
쪽박을 차든 대박을 치든 우리 성도는 성령 안에서 하나님의 섭리
를 사는 사람들이다. 일상의 사건 속에서 섭리를 발견하면 세상
시야에서의 쪽박도 대박으로 바뀐다. 이것이 복음의 능력이다.

다윗, 베드로 이들이 만난 대박은 자신을 부르신 사명의 나팔소리
였다. 이 사명의 신비가 어디 이들만의 전유물이겠는가? 이는 복
음 안에 사는 모든 성도들에게 적용되는 이야기이다. 우리를 기
다리고 있는 삶의 대박은 주님이 우리 각자에게 심겨주신 은사 속
에 그 씨앗이 들어 있고 그 대박이 터지는 매표소는 다름 아닌 각
자의 사명의 자리에 있다. 예수님도 자신에게 주어진 십자가의 길
을 가셨고 그 결과로 인류 구원이라는 대박을 찾으셨다. 그리스
도의 길을 열기 위해 순교의 피를 흘렸던 세례 요한은 세상의 관
점에서 보면 하나님을 모르는 왕의 술주정에 의해 목이 잘려나가
는 '개죽음'을 당한 것이겠지만 믿음의 관점에서 비추어보면 그는
메시야의 길을 예비하고 복음의 첩경을 평탄케 한 위대한 인물이
다. 그를 통해 그리스도에게 하늘 문이 열리고 복음의 길이 깔린
것이다. 역사상 여자가 낳은 사람 중에 가장 위대한 사람으로 주
님께 인정받은 그이기에 주의 일을 섬기는 사역자 중에 그만큼 대

박(?)을 만난 이도 없다.

기독교인에게 대박(大舶)이란 단순히 물질의 축적으로 인한 호의호식(好衣好食)만을 의미하지 않는다. 크리스천에게 성공이란 단지 현대 자본주의 체제에서 기득권을 좀 더 확보하고 소비의 정글에서 신상으로 욕구충족을 좀 더 많이 하는 것만을 의미하지 않는다. 우리에게 대박이란 '사명을 위한 섭리'를 만나는 일이다. 80년대에 우리나라 교회에서 소그룹이 아직 활성화되지 않던 때의 일이다. 지금은 소천하신 강남의 대형 교회의 모 목사님은 교회에 너무 많은 사람이 몰려와 고민하셨단다. 본인의 실력을 넘어서 찾아오는 성도들의 숫자에 "하나님께서 왜 이리 많은 성도들을 보내주시지? 우리 교회를 통해 무엇을 하시길 원하시나 보다"하시며 확고히 한 것이 제자훈련이었다고 한다.

이 교회를 통해 좋건 싫건 소그룹 모임과 성경공부를 통한 제자훈련이 우리나라의 많은 지역교회에 보편화 되었다. 이 교회의 목사님이 가졌던 신앙의 아름다움은 많은 사람들이 부러워할 만한 목회 대박을 낸 것이 아닌 그러한 환경을 주님이 주신 섭리로 연결할 줄 아는 '토브영성'[10]을 가진 것에 있었다. 이와 같이 각자에게 주어진 사명(문화명령)을 토브로 경작할 때에 주님이 주시는 나

---

10) 종말을 향하고 있는 하나님 나라의 진행 방향 위에 서 있을 수 있는 분별력

만의 대박을 맞게 된다. 세상이 말하는 대박을 맞아도 그것을 하늘의 섭리로 연결할 줄 알아야 진짜 대박이 되리라.

창세기 2장에서 성경의 저자는 인간의 창조 계획을 5절의 '경작하다'라고 밝히고 있다. 이 동사는 기독교인들에게 주어진 '문화명령'의 어원이 되었다. 아담의 경작행위는 동물들의 이름을 지어주는 일이었는데 히브리인들에게 이름은 단순한 호칭을 넘어 그 존재의 정체성을 담고 있다. 즉 아담의 사역은 정체성을 규정하는 일이었다. 우리 크리스천에게 주어진 문화명령은 만물 속에 감춰진 창조 계획을 규정하고 그 규정을 각자의 삶에 담아내는 일이다. 다시 말해 각자가 딛고 있는 영역의 전문성과 그만의 신앙고백을 담아 믿음으로 살아내는 일인 것이다. 이것이 바로 '토브'의 사역이다. 이러한 인격 성전 위에서 이 땅의 열매를 수확하는 일이 바로 우리가 만나야 하는 대박이다.

대박을 좇지 말고 주어진 은사를 따라 사명의 길을 걷다 보면 우리 각자의 분량에 맞는 '나만의 대박'을 거둔다. 세례 요한은 밥 먹는 일 외에는 세례만 주는 사명을 감당했다. 그는 소위 세례의 달인(達人)이었다. 창조주이신 예수님도 인간인 그에게 세례를 받아야만 하늘이 열리고 성령으로 세례를 받으실 수 있었다. 처음엔 들짐승과 광야의 황량한 모래바람을 맞이한 그였지만 메시야의 길을 여는 대박을 맞이한 것이다. 우리의 '풍성한 삶'을 훔쳐

가는 사단의 사역은 우리 각자의 '정체성'을 정확히 못 보게 하는 것에 있다. 우리가 싸우는 큰 단위의 영적전쟁은 그래서 '정체성의 전쟁'이다. 이 전쟁에서 지면 세상이 말하는 대박이 나도 문제가 심각한 것이고 여기서 승리하면 세상이 보는 시야에서의 쪽박이 나도 대박이 난 것이다. 부디 이 전쟁에서 승리하는 은혜가 있기를 바란다.

사명의 길을 걷는 사람에게는 하늘의 권세가 주어진다. 그러나 다른 사람이 걷는 길이 좋아 보인다고 그 길을 따라가거나 나름 성공했다는 이의 인생 레시피를 복사해 쓰면 주께서 각자에게 주신 '나만의 권세'를 잃게 된다. 하나님이 주신 매뉴얼을 자기화시키지 못한 아담은 결국 남(사단)이 준 매뉴얼을 갖다 쓰다가 망했다(?). 주가 창조하신 나다움의 존재됨을 잃으면 우린 탕자[11] 신세를 면치 못하게 된다. 하나님께서 주신 경계를 넘어갔던 아담은 결국 에덴을 벗어난다. "네가 어디 있느냐?"는 그 자리를 떠난 사명자에게 주신 주님의 탄식이었다. 자기 자리를 이탈한 아담은 주께서 그에게 부여하신 자신만의 권세를 잃고 땅이 내는 가시덤불과 엉겅퀴에 치이는 신세가 된다. 탕자에게 복음의 은혜가 주어지면 창조주께서 주신 '나만의 길'을 걷게 되고 그곳에서 만나는 일상의 농지를 경작하며 '토브영성'이 점차 숙성된다.

---

11) 눅15:11~32, 집 나간 아들 탕자는 자기 고유의 존재됨을 잃고 살아가는 하나님의 아들인 이스라엘에 대한 비유이다.

토브 신앙 안에서 경작행위의 연륜만큼 쌓여가는 나만의 고백이 믿음과 어우러져 나올 때에 비로소 주님이 배정하신 개인의 대박을 수확하게 된다. 모세는 출애굽을 수확했고, 여호수아는 약속의 땅 정복이란 대박을 만났다. 바나바는 바울을 수확했고, 바울은 주님의 교회를 일구는 대박을 만났다. 선악과의 독소로 잃어버린 신의 시력을 성화의 약효로 점차 회복하면 공선도 만선의 전주곡이 되고 쪽박도 섭리 안에선 대박이 된다. 내 시야에서의 선과 악의 경계가 허물어지며 그분의 섭리 안에서 언제나 기쁨과 감사의 노래를 부르게 된다.

에덴 농장의 경계선 안쪽

야훼 앞에 선 경작으로

예배의 문을 연 아담,

간교에 물려

금단의 실과로

신의 시력을 실명(失明)하기 전

그에게

예배, 교제, 성장, 사역, 섬김

이 모두는 하나의 렌즈에 담겨 있었다.


아담의 작명(作名) 사역,

아벨의 유목의 생활예배,

에녹의 부부관계 속 교제,

노아의 조선소 업무의 섬김,

아브라함의 이민 경주를 통한 훈련,

모세의 성장을 위한 출애굽 가이드 등

광염인의 동태(動態)에 잡힌

성장, 훈련, 사역, 섬김, 교제는

모두 예배였다.

삶이 예배가 되고

예배가 삶이 되는 은혜

내 전공이 사역이 되고

주님의 섭리가 내 일상에서 이루어지는 축복

성속의 영역이 따로 나누이지 않고

인생여정 자체가 순례의 길이 되는 삶

이것이 '토브 신앙'이 맞이하는 대박이다.

이들이 걸어가는 일상 안에는

성령의 우물이 있고

대박을 향한 열매가 들어 있다.


예루살렘도 아닌

하다못해 베들레헴도 아닌

들짐승과 사막 모래만 황량한 광야에서

외치는 자의 소리가 있었다.

그런 그의 토브사역은

하나님이 가시는 길을 열었고

하늘 문마저 열었다.

그가 쇠해야 비로소 메시아의 사역은 시작되었다.

그의 대박은 복음의 첩경을 여는 일에 있었다.


– 토브로 대박을 수확하다.

.

성숙한 성도에게 대박의 의미는 하나님 나라에서 호출한 사명의 수행과 밀접한 관련이 있다. 사명성취를 위해 환경의 조성을 만났거나 사명 수행의 열매로서의 결과인 것이다.[12] 복의 개념을 개인적 틀 안에만 가두지 말고 사회에서 만나는 사건과 연결해야 한다. 개인의 삶이 딛고 있는 현실과 하나님 나라 사이에서 발생하는 그 사람만의 사명을 발견하는 일은 매우 중요하다. 왜냐하면 여기에서 대박의 선악이 결정되기 때문이다. 기복신앙과 축복신앙의 차이는 '나를 위해 존재하는 하나님'과 '하나님의 영광을 위해 존재하는 내 삶'의 기막힌 조율과 균형에 달려 있다. 이를 위해

---

12) 마6:33

필요한 청구서가 바로 영적성숙이다.

바울은 자신의 배경[13]을 복음증거 하는 일 외에는 배설물처럼 버렸고, 다윗은 자신에게 주어진 모든 소유와 권한을 그만의 사명 수행에 집중하여 사용하였다. 영적인 성숙! 이것이 그들에게 주신 진정한 하나님의 은혜였다. 인생이 말하는 대박을 만나도 능히 주님의 섭리라는 방향에 사용할 수 있는 청지기적 영성이 준비되어 있었기 때문에 믿음의 궤도를 이탈하지 않고 토브의 삶을 이루어 갔던 것이다. 대박을 구하기 전에 주님이 주신 나만의 '사명찾기'를 먼저 구하라. 그리고 어제보다 나은 실패를 이루어가며 성화의 달음질을 채찍하라. 주님은 지금도 내 일상의 농지를 향해 오고 계신다. 그 농지에서 경작하게 될 대박을 기다리라. 그분으로 채우게 될 내 토브의 그릇을 기대하면서…

·

"주님, 대박을 따라가지 말고 사명을 따라가게 하소서.
그 사명의 자리에서
나만을 위해 예비하신 대박을 거두게 하소서.
세상이 알 수도 없고 가질 수도 없는 나만의 그 대박을!"

·

---

13) 빌3:3~6

## 잠시 쉬어가기

### ::: 크리스천의 대박

세상이 말하는 대박이란
쩐의 문이 활짝 열린 기회로
생(生)의 만족을
오롯이 육의 우물로 채우기 위한
소비정글 자유이용권의 확보를 의미한다.

이 이용권의 유효기간이 길면 길수록
성공한 인생이라고 부러워하며
잘(?) 산다고 말하고
반대로 건너편 동네주민을
가난뱅이로 규정하며 불행하다고 간주한다.

종교란 이러한 젝팟(jackpot)을 터뜨리기 위해
자신이 믿는 신(神)과 거래를 하는 것이다.

신이 원한다고 여겨지는 제물을 주고 그 대가로
자기가 원하는 대박을 받아내는 일종의 딜(deal)인 셈이다.
(여기서 종교의 사제는 딜러가 된다)
기복신앙의 함정은 기독교를 이처럼 종교화 시키는 것에 있다.

하나님은 복의 근원이시다.
그렇기에
세상이 말하는 대박도 그분에게서 말미암는다.
그러나 종교와 구별되는 기독교의 대박은
기복 차원을 넘어서야 거룩의 능력이 묻어난다.

하나님 나라의 필요를 우선할 때에 내 삶은 주의 공급을 만난다.
주님이 우리 각자에게 주신 개성만큼이나 서로 다른
사명의 길 위에 서서 푯대를 향해 진보해갈 때에
그리고 나에게 주어진 일상의 농지를 신앙고백으로 경작해 갈 때에
우리에게 대박으로 찾아오고 계신 그분으로 내 삶이 채워지리라.

# 2과

·

# 술, 담배 하는 게 죕니까?

‖ 율법의 문제인가? '덕'의 문제인가? ‖

·

† 술, 담배 문제에 우리나라 교회가 특별히 민감한 이유
　　－ 역사적 배경과 종교성의 결탁

† 율법의 문제가 아니라 덕을 세우는 문제다.
　　－ 연약한 사람을 위한 배려

† 하나님이 아닌 나 자신을 위한 절제다.
　　－ 자기 자신을 위한 배려

† 죄책감이 아닌 책임감으로 풀어가라.
　　－ 사랑하는 사람을 위한 배려

·

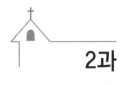

# 2과

# 술, 담배 하는 게 죕니까?
‖ 율법의 문제인가? '덕'의 문제인가? ‖

† 술, 담배 문제에 우리나라 교회가 특별히 민감한 이유
  - 역사적 배경과 종교성의 결탁

성결을 지향하는 우리나라의 크리스천들에게 술과 담배는 가장
금기시되는 영역 중에 하나다. 한국 교계에서의 주초(酒草) 문제
는 7계명인 간음과 더불어 가장 민감한 부분으로 거의 1계명 수
준으로 다루어진다. 가령 예수님보다 더 사랑하거나 더 의지하는
것이 있어 심각한 수준의 우상숭배[14]를 하더라도 그것은 그렇게
문제 삼지 않고 넘어가도 유독 술, 담배 하는 것에는 민감한 반응
을 보인다. 더구나 보수 성향이 강한 교회에 다니는 사람이 주초

---

14) 일반 성도에겐 세상에서의 성공, 목회자에겐 교회성장인 경우가 많다.

에 연루되어 있으면 마치 나라를 팔아먹었던 이완용 정도로 취급하며 그를 바라본다. 비교적 진보적이라고 하는 나도 언젠가 개인적으로 잘 아는 사역자 하나가 흡연하는 모습을 보고 화들짝 놀란 적이 있고(좀 과장하면 심장이 멎는 줄 알았다) 그 이후로 그를 자연스럽게 대하지 못했다.

90년대 유학시절에 사역했던 미국 시카고의 한인 교회에서는 예배 후 몇몇 집사님끼리 교회 건물 뒤에서 옹기종기 모여(자기들 나름에는 은밀히) 흡연 교제 타임을 가지는 것을 주차장에 가다가 우연히 목격한 적이 있다. 기도회 때와는 달리 그들의 사이가 어찌나 돈독해 보이든지 담배만 빼면 훌륭한 코이노니아의 장면이었다. 도수가 낮은 몇몇 맥주는 음료로 구분되는 유럽에 유학을 갔다 오신 어느 신학교의 교수님은 유학 당시 자판기에서 빼먹은 그 음료(?)로 인해 맥주 똥배가 나오신 분도 뵀었다. 이런 사람들의 보호를 위해 만들어진 주홍글씨 보험은 제11계명인 '들키지 말라'를 기하급수적으로 발전시켰다. 율법의 정신을 내가 딛고 있는 시대의 문화적 적용에 담아 살아냄으로 신앙을 지키는 것이 아니라 사람들 시선에 들키지 않음으로 신앙을 지키려고 한다.

사실 술, 담배는 덕을 세우는 것의 문제이지 율법이나 구원의 문제는 아니다. 신론, 기독론, 구원론 등과 같이 개인의 적용에 따라 그 해석이 달라질 수 없는 본질적인 내용은 조직신학에 해당

한다. 그러나 신앙의 절대적 기준으로 삼을 수 없는 문화적인 이슈들은 대부분 생활신학에 속한다. 보수는 생활신학의 영역까지 한 가지 결론으로 절대화시키는 경향성이 짙고 진보는 조직신학의 영역까지 다원화시키는 경향이 크다. 지엽적인 적용의 문제인 술, 담배의 이슈를 마치 신앙의 본질인 냥 오도하는 것은 복음의 정신을 바로 해석하지 못하고 거기에서 나온 문화적 적용만 붙든 것의 결과다.

신약성경이 없던 때에 구약을 신약적 정황으로 자유롭게 재해석하고 적용하셨던 예수님이나 바울의 힘은 구약을 정확하게 인식하셨던 것에서 비롯되었다. 말씀의 본질을 정확하게 꿰뚫고 계셨던 예수님에게 율법(로고스)이 입력(input)되었을 때에 그것은 은혜와 진리로 출력(output)되었지만[15] 그 속에 담긴 정신(text)을 잃고 문화적 적용(context)만 답습한 유대인들에게는 율법주의가 배출되었다. 술, 담배와 같은 문제를 덕의 이슈가 아닌 율법적 이슈로 몰아가는 것은 율법주의의 한 형태로 볼 수 있다. 본과의 목적은 주초의 행위를 지지하려는 것에 있지 않고 다만 그것에 대한 건전한 기독교적 입장을 밝히려는 것에 있다.

술, 담배에 비교적 자유로운 천주교나 진보 교단 외에 대부분의

술, 담배 하는 게 쬡니까?

45

---

15) 요1:12

우리나라 교회나 교인들이 이 문제를 금기시 또는 정죄시하는 주된 이유는 우리나라에 교회가 세워진 역사적 배경과 밀접한 관련이 있다. 우리나라에 복음이 들어온 초창기에 교회(학교, 의료기관)가 세워진 이면에는 청교도 배경을 가진 미국 선교사들의 영향이 컸는데 이들은 대부분 안식일 엄수주의 라인의 보수적 성향의 신앙인들이었고 그 당시 포교활동의 대상이던 한국인들이 술과 담배에 인이 박힌 경우가 많았다. 올바른 신앙 계도를 위하여 당연히 금주, 금연이 강조되었고 백의민족 고유의 종교적 성향인 금욕이 신앙적 헌신과 만나면서 주초금지가 강화되었고 이러한 전통이 지금까지 내려온 것이다.

만약에 오늘날 초대 교회가 생겼다면 술, 담배 못지않게 커피나 콜라와 같은 카페인 음료나 SNS에 중독된 성도들을 위해 다른 형태의 신앙 계도가 생기지 않았을까 한다. '유익과 해'라는 관점에서 보면 사실 술, 담배보다 우리 삶과 신앙에 훨씬 마이너스가 되고 '덕'이 안 되는 일들이 많이 있다. 예를 들면 현대의 문화적 정황에서 리베이트나 접대 문화, 내기골프 등이 그렇고 과도한 예배당 건축이 그렇다. 우리의 일상 가운데에는 고스톱이나 사행성 게임, 중독성이 강한 프로 스포츠 등이 있겠다. 그런데 이러한 일들은 괜찮고 유독 술, 담배만 '죄'라고 여기는 것은 편협적인 사고이다.

전에 사역했던 곳에서 어떤 트라우마를 가진 어느 목사님은 교회 내에서 계모임을 절대로 금하셨는데 어찌나 그것을 자주 인용하시던지 '계모임 금지'가 마치 그분 신앙의 핵심처럼 보였다. 또 어떤 청년부 사역자는 청년부 내에서 이성교제를 금지할 뿐 아니라 그래도 교제를 강행하는 경우에 저주까지 퍼붓는 목사님도 보았다. 그들의 사역 경험상 유익보다 폐해가 많았기 때문이리라. 이처럼 우리나라에 교회가 세워지던 초창기의 역사적, 문화적 정황 때문에 주초의 문제는 그 성격 이상으로 강조되어 왔다. 그래서 내기 당구나 고스톱은 그렇게 이슈가 되거나 문제가 되지 않아도 유독 술, 담배만큼은 문제가 된다. 한국에서 신앙생활을 하기 위해선 주초를 멀리 하는 편이 신상(?)에 좋다. 구원받은 백성으로서 주초 중에 하나 또는 둘 다 할 수밖에 없다면 진보 교단으로 이주하거나 해외로 가는 편이 나을 정도로 예민한 이슈인 것이 사실이다. 이로 인해 십계명은 안 지켜도 11계명은 죽자 살자 지키는 이들을 적지 않게 나온다.

.

"모든 것이 가하나 모든 것이 유익한 것이 아니요,

모든 것이 가하나

모든 것이 덕을 세우는 것이 아니니

누구든지 자기의 유익을 구치 말고 남의 유익을 구하라"

.

우상에게 제사 드린 음식의 문제를 다루면서 바울이 고린도 교회의 성도들에게 했던 권면이다. 여기서 바울이 말한 "모든 것이 가하나"에서 '가하다'는 것의 의미는 'lawful'로 '합법적이다'는 뜻이다. 즉 율법적으로 문제가 되지 않는다는 의미이다. 못하는 영어로 굳이 표현하자면 "In Law, No problem at all!"의 뉘앙스다. 우상에게 제사 드리고 나온 음식을 먹는다고 한들 구원을 잃는다든지 하나님의 분노와 징계를 사지 않는다는 말이다. 그렇지만 그렇다고 그러한 행위가 모두 유익이 되거나 덕을 세우는 것은 아니라는 말을 덧붙이고 있다. 그러면서 성숙한 신앙인의 태도는 자신의 유익보다 타인의 유익을 구한다고 결론짓고 있다. 주초 문제도 이와 같은 원리로 적용할 수 있을 것 같다. 이 구절에 주초 문제를 한 번 입혀보면 다음과 같은 적용을 할 수 있다.

.

"술, 담배가 율법적으로 문제가 되지는 않지만[16)]
그러나 그것이 (건강에) 유익이 되지 않을뿐더러
믿음이 연약한 사람들의 시선에는
술, 담배를 하는 행위가 훌륭한 신앙인의 자세로 비추어지지 않
는다는 것에 문제가 있습니다"

.

___

16) 우리가 구원받는 것에는 아무런 영향을 받지 않는다.

# † 율법의 문제가 아니라 덕을 세우는 문제다.
## – 연약한 사람을 위한 배려

20대에 만난 어느 목사님은 설교 시간에 술, 담배를 하는 성도들에게 율법의 칼날을 세우시며 분노하셨던 기억이 난다. "하나님이 계신 성전에 담배 연기를 감히 뿜어 넣을 수 있느냐?"면서 말이다. 하나님께서 그 연기 맡으실까 걱정하시는 것까진 이해가 갔는데 그 말 뒤에 이어진 "당신들이 그러고도 축복을 받을 수 있을 것 같아?"하고 쏟아 붓는 협박어린 저주는 거의 "독사의 자식들아!"하시며 바리새인들을 책망하신 예수님의 어조 그 이상이었다. 이러한 분위기와 시야 속에서 발생되는 또 다른 문제는 음주와 흡연을 하는 성도들의 죄의식이다. 술, 담배의 독성(毒性)도 독성이지만 신앙인으로서 갖는 죄책감과 거기에서 비롯된 깨어진 자긍심은 그에 못지않게 주초자의 몸과 자존감을 해친다.

주초자에 대한 지적은 표면적으로는 잘못된 부분을 지적하는 일일지 모르지만 그 내면에 과연 "사랑이 있느냐? 정죄함이 있느냐?"는 큰 차이를 만든다. 사람은 영이 있어 본능적으로 안다. 상대의 책망이 "성령으로부터 나온 것인지? 율법으로부터 기인한 것인지?" 또는 "사랑에서 나온 것인지? 우월감의 판단에서 나왔는지?"를 말이다. 사람을 바꾸는 힘은 죄책감이 아닌 자율적인 동기부여에서 나온다. 성령님이 책망하시면 성도가 변화되지만 사람이 책망하면 기분만 상하고 변화가 안 되는 이유는 그 대상을 향한 사랑의 유무와 그러한 권면을 하는 동기의 차이에서 난다. 인식전환을 동반하는 회개는 성령의 역사를 통해서만 일어난다. 하나님은 사랑으로 우리를 바꾸시지 정죄함으로 우리를 만지시지 않는다. 음주, 흡연자에 대한 윤리적 칼날이 날카로운 우리나라 교회의 정황에서 술, 담배는 그 행위자의 자긍심을 꺾는 문제가 더 심각하다.

모든 것이 가하지만 그 자유를 육체의 기회로 삼지 말고 사랑으로 섬기는 일에 쓰라는 것이 바울의 신학이다.[17] 믿음의 덕을 세우는 일은 하나님 때문에 해야 하는 일이 아니다. 내가 믿음의 덕을 좀 더 세운다고 하나님께 유익이 되고 내가 덕을 좀 못 세웠다고 하나님께 직접적으로 피해가 가는 것이 아니다. 이는 사람에게 유익을 끼치기 위함이며 사람 중에서도 믿음이 아직 약한 초보자들을 위함이다. 그리고 색안경을 끼고 교회를 주시하는 불신자들의 연약한 시야에 거치지 않기 위함이다. 막말로 덕을 좀 못 세웠다고 천국 티켓이 취소되거나 나를 향한 하나님의 사랑이 희석되는 것이 결코 아니다.

덕의 문제는 이웃과의 문제이며 그들이 바라보는 시선과 종교적

---

17) 갈5:13

기준과 관련이 있다. 연약한 사람은 별것도 아닌 것에 시험이 든다. 영적 면역력이 약한 어린 신앙은 걸핏하면 흔들린다. 그런 이들에게 걸림이 되지 않기 위해 또는 전도의 장애가 되지 않기 위해 사회 보편이 정한 최소한의 기준에 맞춰 사는 일이 덕을 세우는 삶이다. 만일 목사가 머리를 노랗게 물들이고 귀를 뚫고 목에 체인을 주렁주렁 달고 바지를 엉덩이 밑에 걸고 다닌다면 그가 아무리 히피 담당 목회자라고 해도 그 모습에 은혜를 받는 이보다 시험에 드는 사람들이 많을 것이다. 아마 히피족 가운데에서도 보수적인 사람은 그 모습을 반기지 않을 것이다. 모든 것이 가하나 모든 것이 유익한 것이 아니기에 성숙된 성도의 태도는 가한 것을 하는 것이 아니라 유익되고(나보다 남이) 덕을 세우는 일을 하는 것에 있다.

"담배 좀 끊어라"하고 금연을 권한 아버지에게 아들이 심각하게 그랬단다. "아버지 담배를 끊느니 차라리 목숨을 끊겠습니다" 애연가들의 심정이 잘 담겨 있는 예화다. 기호식품의 위험은 중독성이 강해 그것 없이는 일상생활이 어려워지는 것에 있다. 금단현상이 일어나고 그것을 해야만 일의 효율이 떨어지지 않고…. 복음의 능력은 이 땅의 그 어느 것에도 매이지 않는 자유함에 있다. 그런데 작은 것 하나에 매여 생활에 지장을 받는다면 그래서 그것에 의존되고 집착한다면 이는 건강한 것이 결코 아니다. 우리가 먹고 마시는 기호식품은 100퍼센트 건강에 좋지 않다. 그것이 혹 산삼

이라고 할지라도 인간의 손을 거쳐 기호식품이 되는 순간 차라리 안 먹는 편이 건강에 낫다.

콜라, 커피, 캔 음료 등 카페인이 함유되어 있는 것들은 우리 몸을 해할 뿐 아니라 중독성도 강하다. 몸에 해로운 기호식품의 대표성을 가지는 술, 담배의 폐해는 여기에 있다. 한 번 몸에 인이 박히면 그것을 끊기란 쉽지 않다. 많은 이들이 건강을 이유로 또 신앙을 이유로 금연과 금주를 시작하지만 웬만큼 독하지 않고서는 그것을 끊기란 쉽지 않다. 오죽하면 담배 끊는 사람하곤 친구도 하지 말라는 이야기가 있을 정도다. 금연을 하거나 아예 흡연을 안 한다면 가장 좋겠지만 그것이 잘 안되어 어쩔 수 없이 흡연을 하고 있다면 덕이 되는 선에서 그리고 남에게 유익되는(피해가 안가는) 선에서 해야 한다. 덕의 문제는 이웃에 대한 에티켓의 문제이기도 하다.

덕을 세우는 원리는 곧 이웃을 향한 배려이다. 주변에 있는 이웃들을 한 번쯤 돌아보고 그들을 배려하고 사는 일은 나중심성의 삶으로는 어려운 일이다. 이는 성숙한 만큼 자연스럽게 몸에 배여 나오는 것이다. 물론 타고난 성향 때문에 남을 배려하는 경우도 있긴 하다. 이는 율법적 접근보다 성숙의 원리로 적용해야 하는 문제이다. 술, 담배뿐 아니라 모든 기호식품의 특징은 입에는 즐겁지만 몸에는 해로운 것에 있다. 내 입 즐기고자 내 주변에 피해를 주는 일은 피해야 한다. 공공장소에서 흡연을 하면 그 주변에 있는 사람은 본의 아니게 간접흡연을 하게 된다. 내가 좋아서 흡연을 하는 거야 그렇다 치더라도 내가 피운 연기 때문에 누군가가 간접흡연을 하게 된다면 이는 타인에게 상해를 입히는 일로서 일종의 범죄 행위이다. 술을 주변에 피해가 되지 않도록 마시는 일은 교양(?) 있는 음주자의 에티켓이다.

유익보다는 해가 훨씬 많은 술, 담배를 신앙인으로서 굳이 해야 한다면, 또는 마음은 원치 않지만 육신이 연약하여 아직 할 수밖에 없다면 이웃에 대한 최소한의 에티켓을 지키는 것이 덕을 세우는 일이다. 식당 같은 곳에 가면 주변에 아이들이 있어도 아랑곳하지 않고 연타로 담배를 피워대는 이들이 아직도 많다. 식당에 금연이라는 글자가 쓰여 있어도 무방비다. 덕을 세우는 일은 내 편의를 위해 이웃에게 피해를 주는 일이 아닌 주변의 유익을 위해 내 불편을 감수하는 일이다. 이는 율법의 이슈가 아니라 덕을 세우는 일로서 성숙한 만큼 발효되는 일이다. 성화를 달음질하고 하고 있는 성도라면 '덕'을 세우는 삶을 지향한다. 그리고 그 중심엔 이타정신이 녹아져 있다.

내가 하는 일로 피해를 보거나 실족하는 이가 생기기 때문에 얼마든지 할 수 있는 자유가 있지만 그 자유를 내려놓는 것이 성숙한 그리스도인의 행동강령이다. 영적성숙은 내가 가진 자유를 이웃을 섬기기 위해 사용하는 것이며 이웃을 섬기기 위해 내 자유를 기꺼이 내려놓을 수 있는 영적 능력이다. 이것이 진정한 자유이다. 술, 담배를 하는 것은 성숙하지 못해서 비롯된 행위이지 결코 구원을 위한 율법의 문제가 아닌 것이다. 그러니 술, 담배를 끊으라고 강요하는 것보다 그 주초자가 성숙해지도록 유도하는 일이 훨씬 지혜롭고 효과적인 일이다.

## † 하나님이 아닌 나 자신을 위한 절제다.
### – 자기 자신을 위한 배려

제사 음식에 대한 바울의 지혜에서 우리는 주초문제의 또 다른 중요한 단서 하나를 얻는다. 바로 유익의 원리다. "모든 것이 가하나…, 모든 것이 유익이 되는 것이 아니니…" 성숙한 신앙인의 자세는 가한 것을 하는 것이 아니라 유익된 것을 하는 것이다. "내 몸을 내 맘대로 쓴다는데 그게 왜 죄야?"고 한다든지 혹 같은 원리로 "내 돈을 갖고 내 맘대로 쓴다는데 뭐가 문제야?"하는 것은 성숙한 신앙인의 자세가 아니다. 술, 담배를 한다고 이것이 율법적으로 문제가 되는 것은 아니다. 그러나 그것을 하는 당사자의 건강에는 매우 해롭다. 술, 담배가 우리 몸의 면역력을 키워주고, 엔도르핀을 상승시키고, 웰빙 라이프의 필수요건이 되어서 장수

(長壽)에 도움이 된다면 이를 적극 권장하겠지만 그 반대이기 때문에 할 수 있으면 피하는 것이 좋다.

약간의 포도주를 쓰는 것이 어떤 이에게는 도움을 주기도 하지만 술을 그렇게 몸에 유익될 만큼 적당히 마시는 경우를 음주자들에게서 거의 찾아보질 못했다. 대개 술꾼은 자신의 건강과 타인의 유익을 위해 마시는 것이 아니라 자신의 기분을 위해 그 일을 한다. 보통 술, 담배는 밤의 유흥문화와 연계가 되어 몸버리고, 돈버리고, 인격 버리고, 양심 버리고, 가정 버리는 일로 마무리되는 경우가 주를 이룬다. 하나님도 인정하신 의인 노아도 와인 독에 빠져 치명적 실수를 범하고 개망신을 당했다.[18] 노아만 못한 우리가 술로 범할 실수란 뻔하다. 더구나 우리나라의 음주문화는 아직도 건전하지 못한 편이다. 술, 담배를 하면 할수록 이웃을 더 사랑하게 되고, 더 기도하고 싶어지고, 성경을 더 읽고 싶어진다면 더해도 좋다. 그러나 그 결과는 그 반대이기에 문제가 된다.

우리보다 음주 문화가 비교적 건전한 서구에서는 '진탕' 마시고 퇴폐행위로 연결되는 우리네 음주문화와는 다르기에 술 마시는 것에 대한 부정적 시야가 우리만큼 강하지 않다. 이따금씩 부부 간에 와인 한 잔에 대화를 담은 술이라면 의술이 발달하지 않았던

---

18) 창9:20~22

시대의 약용으로 사용된 포도주처럼 유익이 되리라. 물처럼 마셔
대는 음료가 아니라 간혹 야근을 해야 할 때 고단한 몸을 깨우기
위해 마시는 자양 강장제로서 마시는 카페인 음료나 커피를 갖고
누가 문제를 삼겠는가? 문제는 '무엇을 먹고 마시느냐?'보다 그
것을 사용하는 사람의 영적 수준이다. 바울은 포도주도 약으로 사
용하는 지혜로운 사람이었고 예수님은 십자가도 인류 구원을 위
한 도구로 선용하시는 분이셨다. 로또가 터져 인생을 망가뜨린 이
가 있는가 하면 배설물을 약용으로 활용하는 이도 있다.

물질(物質)보다 중요한 것은 그것을 사용하는 존재의 인식과 성
숙도이다. 가령 컴퓨터는 사용하기에 따라 유용한 도구가 된다.
그러나 이것을 소비적이고 퇴폐적인 형태로 사용한다면 이는 해
로운 도구가 된다. '바보상자'라는 별명을 가진 TV도 그렇다. 이
것을 사용하는 사람의 수준에 따라 '지혜상자'로도 활용이 가능하
다. 불행하게도 우리 의식수준의 문화에서 술, 담배는 유용한 도
구가 아닌 건강을 해치고 삶을 파괴하는 방향으로 사용되어 왔
다. 아니 좀 더 심하게 말하면 '탈선'의 통로가 되어 왔다. 그래서
주초를 청량음료 정도의 의미로 해온 사람조차 큰 탈선을 한 사
람을 쳐다보듯이 보아온 것이 사실이다. 이러한 사회규범과 그로
인한 정죄감으로부터 자유로워지되 절제를 하거나 금주, 금연을
한다면 율법의 채찍 때문이 아닌 자기 자신을 위해 하는 것이 마
땅하다.

과학과 의학(영양학)이 발달하면서 밝혀진 사실이지만 레위기에 나온 정결하고 부정한 음식의 구별은 사실 우리의 건강과 관련이 있다. 하나님께서 금하신 음식은 우리 몸에 안 좋다. 우리 몸을 창조하신 설계자이시기에 우리에게 가장 유익한 매뉴얼을 주신 것이다. 삼겹살에 소주를 이틀에 한 번씩 먹고, 기름에 튀긴 음식으로 매일 야식을 삼고, 치맥을 즐기고, 일주일에 한두 번 고열량의 음식으로 몸보신을 한 뒤에 틈틈이 초콜릿과 케이크로 입가심을 하고 아침에 선짓국이나 라면으로 해장을 하면서 철야기도로 "주여! 건강을 주씨옵소서!"하면 과연 건강하겠는가? 우리 몸에 유익하지 않기 때문에 우리는 기호식품(술, 담배 포함)을 절제하는 것이 좋다. 즉 금주, 금연은 자기 자신을 위한 배려요 절제인 것이다.

예수님이 주신 율법의 정신은 '하나님 사랑'과 '이웃 사랑'이다. 그리고 이웃사랑의 전제는 자기 자신의 사랑이다. "*네 몸처럼* 네 이웃을 사랑하라"에서 발견하는 중요한 원리는 자신을 사랑하지 않고는 남도 사랑할 수 없다는 것이다. 따라서 이웃을 사랑하려면 자기 자신을 먼저 사랑할 줄 알아야 하고 그것을 배워야 한다. 자신을 배려하고 사랑하는 법을 배워야 이웃도 사랑하고 하나님도 사랑하게 된다. 자신의 건강을 배려하고 그것을 위해 절제할 줄 아는 사람이 성숙한 사람이다. 미국의 군대에서는 똥배가 나오면 별(장군)을 달 수 없다는 일화가 있다. 그 이유인즉 자기 스스로를 관리할 줄 모르면 배가 나오는데 그런 리더십으로는 결코 군을 다스릴 수 없다는 것이다. 사실인지는 모르겠지만 일리가 있는 말이다.

기호식품은 건강식품이 아니라 입을 즐겁게 하는 일종의 주전부리(snack)다. "입에 쓴 약일수록 몸에 좋다"는 말을 뒤집어보면 "입에 달콤할수록 몸에 해롭다"가 된다. 아담에게 선악과는 뿌리칠 수 없을 만큼 입에 달콤했을 것이다. 어려서부터 시작하여 30년을 넘게 콜라를 몸에 달고 산 덕택에 나는 당뇨병을 선물(?) 받았다. 항상 식탁에는 물 대신에 콜라가 있었다. "내 혈관에는 콜라가 흐르고 있다"는 말을 서슴없이 했는데 3대 현대병 중의 하나를 달게 되었다. 그 콜라를 어렵게 끊고 그 대신 붙잡은 것이 커피, 설탕, 프림의 황금비율로 유명한 *심 일회용 커피였다. 입에는 달콤하지만 내 몸을 죽이는 독소인 걸 알았지만 끊기가 쉽지 않아 고생이다. 미국 장군의 일화를 통해 주님이 내게 말씀하시는 것 같았다. "네 몸도 못 다스리면서 어찌 교회를 다스리요?" 주초 때문에 고민하는 집사님들 이상으로 나는 *심 커피(요새는 카제인나트륨 대체품으로 갈아탔다) 앞에서 신앙 갈등을 한다. 나 자신의 몸을 배려할 줄 모르는 죽은 영성 때문이다.

"목사님 술, 담배하는 게 죄입니까?"하고 물어오는 이들에게 이렇게 답하고 싶다. "당뇨 환자가 *심 커피 먹는 게 죄입니까?"라거나 또는 "목사가 노랗게 염색하고 귀걸이 하는 것이 죄입니까?"라고 말이다. 분명 죄는 아니지만 덕이 되거나 유익이 되지 않는 것은 분명하다. 주변 사람들을 위한 배려가 없고 자신을 위한 배려가 없기에 문제가 되는 것이다. 노랗게까지는 아니더라도 밝은 갈색으로 염색할까도 해보았지만 일주일에 한 번은 보아야 하는 보수적인 사람들이 받을 충격과 멘붕의 방지를 위해 꾹 참았다.

카제인나트륨 대신에 유기농 우유를 넣는 들 일회용 커피는 당뇨 환자에게뿐 아니라 건강한 사람에게도 좋지 않은 것이니 절제하는 편이 훨씬 유익이 된다. 영양을 과잉 섭취하는 현대인들에게 고열량 음식은 유익이 되지 않는다. "술, 담배가 죄냐?"는 질문은 마치 비만과 콜레스트롤 수치가 높은 사람이 "목사님, 피자나 튀김 먹는 것이 죕니까?"라고 묻는 것과 같다. 굳이 죄라고 한다면 내 몸을 사랑하지 못한 것이 첫째요 내 몸처럼 주변을 사랑하지 못한 것이 그다음일 것이다. 각종 기호식품과 술, 담배의 절제와 금지는 하나님을 위한 것이 아닌 자기 자신을 위한 절제인 셈이다.

이따금씩 술, 담배 문제로 고민하는 이들에게 이러한 신앙적 권면을 주었다. 주님의 명령인 '내 몸처럼 네 이웃을 사랑하라'의 전제는 '내 몸을 사랑하라'입니다. 주님과 이웃을 사랑하기 전에 우선 자기 자신을 사랑하는 법을 배우십시오. 술, 담배뿐 아니라 몸에 안 좋은 기호식품은 가급적 절제하거나 끊는 편이 좋습니다.

·

"30년 마신 콜라도 끊게 해주신 하나님,
저에게는 *심 커피를 저 형제에게는 술, 담배를 끊을 수 있는
은혜를 주십시오!
그리고 그 대가로 얻은 건강을
주님이 원하시는 곳에 사용하게 하옵소서.
생의 말년을 병원에서 보내기보다
사명지에서 그 시간을 맞게 해 주시고
의사와 교제하는 시간 대신에
섬겨야 할 영혼들과 함께 하게 하옵소서"

·

## † 죄책감이 아닌 책임감으로 풀어가라.
### – 사랑하는 사람을 위한 배려

유익을 위한 삶의 원리로 우리가 사랑하는 사람들을 위한 배려로
나 자신을 가꿀 필요가 있다. 예전에 우리나라에서 꽤 유명한 선
교단체장이 뱉은 말이 은혜가 되기보다 내 마음의 분노를 샀던 기

억이 있다. "우리는 선교를 위해서라면 가정도 기꺼이 버립니다" 그러니 그분 사모님 얼굴에 처음 보는 사람 눈에도 비치는 그늘막이 있지 하는 생각이 들었다. 결혼 전에 복음의 헌신을 위해 사랑하는 사람을 포기한다면 이는 누가 보아도 아름다운 일이다. 그런데 결혼하고 10년이 넘어 이런 말을 내뱉는 것은 너무나 무책임한 말이다. 그의 말 속에는 하나님께서 선교를 위해 가정을 깨뜨리시는 분으로 등장한다. 주님은 악덕 신이 되고 자신은 굉장한 헌신자가 된다. 주님을 망가뜨리고 자신이 뜨는 패러다임이 그 안에 담겨 있다. 완전 "그는 쇠하고 나는 흥하여야 하리라"다. 왜 임종 직전에 "주님 내 몸을 산제물로 드립니다"고 하지! 신혼생활을 다 보내고 권태기를 앞두고 내던지는 이런 말은 결코 신앙적인 자세가 아니다.

우리는 소위 마태복음 10:37~38의 말씀[19]과 디모데전서 5:8의 말씀[20] 사이에서 가족부양과 제자도의 헌신 사이에 서서 적잖은 갈등을 한다. 성경에는 상반되는 내용의 구절들이 존재한다. 이를 통합적으로 못보고 단면만 보고 거기에 절대를 걸면 한쪽으로 치우지기 쉽다. 본문의 문맥에서 성경은 물리적 버림보다는 가치적 버림을 말하고 있다. 복음서에서 말하는 가족과의 이별은 하나님 나라와 그의 의를 우선하라는 뜻이지 가족을 저버리라는 뜻이

---

19) "아비나 어미를 나보다 더 사랑하는 자는 내게 합당치 아니하고…"
20) "누구든지 자기 친족 특히 자기 가족을 돌보지 아니하면 믿음을 배반한 자요…"

아니다. 사랑하는 사람을 위한 책임은 신앙인의 중요한 자세이다. 경우에 따라 물리적 버림이 필요한 경우도 있겠지만 이는 일반적 원리가 아닐뿐더러 이것이 그 사람의 신앙적 의를 드러내는 수단이 되어서는 안 된다. 주초문제도 율법적 의를 위함이 아닌 유익됨의 이유로 보아야 한다.

술, 담배가 죄이냐 아니냐의 율법적 변론보다는 이것이 주는 건강의 해로움 때문에 가족에게 끼치게 될 피해를 생각할 필요가 있다. 술, 담배는 우리 몸에 질병을 일으키는 주요한 요소가 된다. 지금까지 밝혀진 과학의 데이터에 의하면 건강한 사람도 하루 평균 수천 개의 암세포가 만들어진다고 한다. 그럼에도 건강할 수 있는 비결은 우리 몸에서 그러한 암세포를 잡아먹는(?) 병력(예를 들어 백혈구)이 있기에 그때그때마다 나쁜 놈들을 퇴치하고 잡아먹기 때문이란다. 즉 하나님께서 우리 몸에 주신 면역 체계(immune system) 덕분에 자연 치유력을 가진다.

그럼에도 술, 담배의 폐해는 치명적이다. 술이나 담배와 같은 유해식품을 섭취하면 간에서 그것을 해독하는데 그것을 해독하는 동안에는 백혈구와 같은 착한(?) 군사가 일할 수 없기 때문에 치명적 질병에 무방비로 노출되는 것이다. 이는 마치 이와 같은 원리다. 대통령의 차량이 방탄유리이지만 저격수의 공격으로부터 안전하기 위해서는 시속 80km로 달려야 한다고 한다. 서울 시내 교통 체증 속에서 이 속도로 달리려면 대통령이 탄 차가 지나가는 길과 그 주변은 몇 시간이고 통제를 받아야 이 일이 가능하다. 이 일을 위해 동원되는 경찰병력을 상상해보라. 대통령의 외출이 잦을수록 그로 인한 치안은 당연히 구멍이 난다. 이처럼 유해식품은 우리 체내의 병력을 쓸데없는 것에 동원시켜 몸속 치안에 구멍을 내는 것이다. 이러한 기간이 잦아지고 길어지면 심각한 질병이 터질 확률은 그만큼 높아진다.

남녀의 차이는 있지만 대개 3 5명 중의 한 명은 암에 걸린다고 한다. 술, 담배를 할수록 암과 같은 질병에 걸릴 확률이 높아지는 것은 굳이 과학적, 의학적 데이터를 찾지 않아도 누구나 알 수 있는 상식이다. 진짜 짧고 굵게 살고 싶은 사람은 술, 담배를 해라. 이왕이면 술은 독주로 매일을, 담배는 시가(Cigar)로 속담배를 피워라. 하루에 2, 3갑씩 말이다. 문제는 그의 짧아진 수명으로 인해 아직 그가 책임져야 할 사람과 일이다. 예를 들어 80세를 살 수 있는 사람이 이로 인해 수명이 5~10년 정도 줄어든다면 그를 일찍 보내야 하는 가족들이 겪을 고통과 아픔은 누가 책임을 지나?

당뇨가 있는 나에게 하나님께서 마흔이 넘어 늦둥이를 주셨다. 그 아이가 10살이 넘으면 50세가 되고 20살이 되면 환갑이 된다. 아비로서 그 아이의 부양책임이 있는데 내 몸을 기호식품에 내주고 기름진 음식에 막 써서 합병증이나 암 같은 것에 노출되어 좀 더 일찍 간다면 그만큼 사랑하는 가족에게 무책임한 것이 된다. 불가항력적 상황에 의해 가족과 이별을 한다면 어쩔 수 없지만 내 의지적 선택으로 그러한 상황이 만들어진다면 이는 무책임한 것이며 이는 의무를 기피한 일종의 죄가 된다.

나이가 들어 병이 들고 병원 신세를 져도 문제다. 병원비며 그 뒤치다꺼리를 해야 하는 가족의 노고는 상상 그 이상이다. 긴 병에 효자 없다고 건강은 가족 상호 간에 최고의 선물이다. 기호식품이 순간의 내 입을 즐겁게 해주는 일은 사실이지만 그 대가로 사랑하는 사람들을 장시간 슬픔에 빠지게 할 수도 있다. 따라서 이러한 것들을 멀리하는 일은 사랑하는 가족들을 위한 최소한의 배려인 것이다.

모든 것이 가하지만 그렇다고 모든 것이 유익한 것이 아니다. 이젠 80, 90세를 사는 분들이 많아졌다. 60세에 환갑잔치를 하며 "나 이제 노인 됐다우"하는 일이 민망한 시대가 되었다. 환갑잔치하던 시절은 다 지나갔다. 최소한 70 정도는 넘어야 노인 측에 낄수 있는 시대에 와 있다. 오래 산다고 장땡이 아니다. 삶의 질이 중요한 시대다. 골골하게 100세를 살면 무엇하랴? 짱짱하게 노인 시대를 맞이하기 위해서는 매달 붇는 연금처럼 건강도 젊어서부터 투자해야 한다. 이는 자기 자신뿐 아니라 사랑하는 가족에게 민폐를 끼치지 않기 위한 배려이기도 하다. 웰빙라이프를 위한 자기 헌신이 필요하다. 이것이 어디 술, 담배에만 국한되는 문제이랴? 각종 카페인 음료와 인공, 화학제품에 찌든 음식까지 자신과 사랑하는 가족을 위해서 당연히 멀리하는 것이 유익하다. 오늘도 커피 박스에서 날 향해 미소 짓고 있는 김태희의 손짓을 보며 달달한 커피 스틱에 수없이 흔들리지만 순간 장례식장에서 울고 있는 가족들을 상상해보며 카페인과 결별을 선포한다.

·

"주여! 아리수에서 별다방(스타*스)이 줄 수 없는
시원함을 느끼게 해주소서!"

·

주초의 늪에서 빠져나오기 위한 동기부여는 율법이나 현대판 율법사들이 주는 죄책감이 아닌 사랑하는 사람들을 위한 책임감에서 비롯된다. 율법을 완성하는 힘은 하나님이 주시는 사랑에서 나온다. 금주, 금연뿐 아니라 웰빙라이프의 시초는 사랑하는 이들을 바라보는 일에서 시동(始動)이 걸린다.

눈에 보이지 않는 '하나님을 사랑하는 것'을 증명하는 방법은 오직 하나다. 눈에 보이는 '하나님의 형상을 가진 사람들을 사랑하는 일'이다.[21] 하나님을 사랑하지 않는 크리스천은 없다. 그러나 옆에 있는 이웃을 사랑하지 못하는 크리스천은 널렸다. 그래서 사도 요한은 하나님에 대한 사랑을 이웃사랑으로 증명하라고 요구했다. 이 사랑의 원리를 좀 더 확대해서 들여다보자. 이웃사랑의 전제는 자기 자신을 사랑함에 있다. "네 이웃을 네 몸처럼 사랑하라"에서 동사는 '이웃을 사랑하라'인데 이 동작에 첨가된 부사는 '네 몸처럼'이다. 즉 자기 자신을 사랑하지 않는 사람은 결코 남을 사랑할 수 없다. 그리고 사람을 사랑하지 못하는 이는 하나님을 사랑할 수 없다. 이웃 중에서 가장 가까운 이웃이 바로 가족이다.

'가족사랑'은 이중 잣대의 기준을 제시한다. '내 새끼', '내 남편'과 같은 '내 울타리'를 넘어서야 하는 사랑의 확장성과 하나님 사랑의 실존을 증명하는 사랑의 증거성을 동시에 갖고 있는 셈이다. 가족사랑! 본능 쪽으로 너무 가면 우상이 되고, 반대 방향으로 치우쳐 가면 직무유기가 되고, 그것을 넘어가지 못하면 이기적 유전자 안에 갇힌 형국이 된다. 이 세 개의 좌표 사이에서 균형 잡는 것이 성숙으로 가는 영성이다. 가족을 사랑하는 일만큼 가장 본능적이면서 동시에 가장 어려운 일도 없다. 너무 집착하거나 혹은 너무 무관심하거나 이 양극단에 서 있기 쉽다. 그래서 이 사랑법을 성령으로 조율하게 되면 영적으로 큰 유익을 얻는다.

---

21) 요일4:20~21

최근 들어 개인적으로 가장 끊기 어려운 마약(?)은 커피다. 물론 블랙이 아니라 설탕물에 커피를 탄 일명 '다방커피'다. 이 커피믹스 한 봉지와의 혈투에는 하나님 사랑, 내 자신 사랑, 이웃 사랑이 압축된 '가족사랑'의 실천이 달려 있다. 무언가에 집중하여 일을 하는 문서작업 뒤에는 내 육(肉) 덩어리가 항상 카페인과 당분을 요구한다. 스틱커피와의 싸움은 내 몸과의 싸움이며 내 자신과의 싸움인 셈이다. 30년간 지속된 콜라와의 전쟁은 이겼는데 봉지에 든 커피 앞에서 자꾸만 흔들린다.

.

"아버지, 커피믹스에서 웃고 있는 그녀가

사약을 들고 오는 사신으로 보이게 하소서"

.

물론 술 취한 후의 행동에 부작용이 훨씬 많기는 하지만 커피 마시는 것보다 술 마시는 것이 훨씬 죄가 되고 튀김 먹는 것은 괜찮고 담배 피우는 것은 신앙적으로 죄라고 보는 것은 성경적이라기보다 문화적이고 종교적인 반응이다. 깨끗한 물이 귀해 물을 발효시켜 먹는 것이 발달된 지역에서의 술은 우리네 문화에서만큼 술에 신앙적 이데올로기가 들어 있지 않다. 우연히 알게 된 미군 의사 하나는 몰몬교도였는데 교리상 카페인 음료를 마시지 않았는데 카페인이 없다는 이유로 청량음료인 '닥터페퍼'는 마셨다. "콜라는 안 되고 닥터페퍼는 되고…”, “너네 하나님은 콜라는 안 되고 디카페인 콜라는 마셔도 괜찮데?”하고 묻고 싶었지만 영어가 짧아 참았다. 그의 모습 속에서 율법의 정신은 잃고 율법의 행위만 지킨 성경 속의 어느 율법사가 생각났다.

우리를 향한 주님의 뜻은 자기 자신을 향한 사랑과 이웃 사랑이다. 율법은 사랑하라고 주신 삶의 규범이다. 따라서 율법은 사랑을 하면 저절로 지키게 되지만 지키는 것이 목적이 되어 종교성의 힘으로 맹목적으로 지키려고 하면 절대 지켜지지 않는 특성이 있다. 먹는 즐거움의 자유와 몸의 유익 사이에서 바울은 성숙한 신앙인의 자세로서 ‘먹든지 마시든지 무엇을 하든지 하나님의 영광’을 위해서 사는 것을 선택했다. 주변 사람들을 향한 배려, 자기 자신을 위한 절제, 사랑하는 이들을 위한 책임감으로 우리 삶을 조율한다면 그만큼 덕을 세우고 자기 자신뿐 아니라 주변을 유익되게 하며 하나님께 영광 되는 삶을 살게 될 것이다. 주초 문제로부터 자유로워지는 것은 그 후에 저절로 얻게 되는 보너스다.

독수리 타법으로 장시간 씨름을 했더니 달달한 카제인나트륨 커피가 당긴다. 11계명과 내 건강 중에 무엇을 지켜야 할지 갈등 때리는 순간이 왔다.

．

"주여, 이제 영적으로 별을 달게 해 주소서!"

．

## 잠시 쉬어가기

### ::: 용의자 X의 헌신, 주초 X의 헌신

일본 영화 '용의자 X의 헌신'의 내용
범인과 그를 좇는 형사 그리고 그 용의자의 알리바이를 돕는 천재
수학자. 이 셋 사이에 벌어지는 흥미진진한 내용은 예상 밖의 반전
이 포인트다.

살인사건이 난 날은 12월 2일
그러나 강력한 용의자의 그 날 알리바이는 완벽
수사의 한계에 부딪힌 형사는 천재 탐정을 찾아가 단서 하나를 찾
는다.

아무도 못 푸는 문제를 만드는 것과 그 문제를 푸는 것 중
어느 것이 더 어려울까?
함수문제를 기하문제처럼 위장하여 기하 문제로 접근하게 하면
아무도 그 문젤 못 풀지

실제 그 살인사건은 12월 1일에 생겼지만
12월 2일 난 것으로 완벽하게 가장하니
아무도 그 문젤 풀 수가 없지.


하나님께서 주신 율법
이 율법은 지키라고 주신 것이 아니라
못 지킨다는 사실을 깨닫게 하기 위해 주셨지
이 율법은 지키라고 주신 것이 아니라
사랑하라고 주신 것이지


율법의 기능과 율법을 주신 하나님의 의도를 잃어버린
유대인들과 그 후예들
그들은 율법에서 자기 의를 찾으려고 했지
하나님의 의를 찾아야 할 문제를 잘못 짚었지!
함수문제를 기하문제로 본 것처럼


지키려면 지키려고 할수록 안 지켜지는 문제
사랑하면 저절로 지키게 되는 문제
율법의 작은 한 점인 주초문제도 잘 푸는 열쇠가 여기에 있다.


연약한 이웃을 사랑하고
자기 자신을 사랑하고
사랑하는 가족들을 사랑하면 그렇게 안 되던 그 문제 풀리게 될 걸


"주여! 우리로 사랑하는 법을 가르쳐 주옵소서"

크/리/스/천/딜/레/마

옮기고

완전히 틀렸던

안목을!

# 3과

·

# 예수 믿은 지 오래되었는데 왜 도통 변하지 않죠?

‖ 성령인가? 종교인가? ‖

·

† 기독교로 위장되어 들어온 종교생활은 우리의 성화를 더디게 한다.
 – 종교생활에 빠진 크리스천

† 기독교가 타종교와 전혀 다른 구별점은 성령이다.
 – 크리스천의 모든 답이 되시는 성령 하나님

† 본질(text)의 영이신 성령님은 적용(context)의 영이시다.
 – 성령의 사람이 될 것인가? 종교인이 될 것인가?

† 성령의 일은 항상 사랑을, 종교의 일은 자랑을 각각 지향하게 된다.
 – 변화의 방향, 무엇이 자랄 것인가?

·

# 3과
·
# 예수 믿은 지 오래되었는데
# 왜 도통 변하지 않죠?
‖ 성령인가? 종교인가? ‖

† 기독교로 위장되어 들어온 종교생활은 우리의 성화를
더디게 한다.

－ 종교생활에 빠진 크리스천의 문제점


명동이나 강남역과 같이 번잡한 곳에 가보면 명품 브랜드의 짝퉁
이 항상 손님을 기다리고 있다. 그 덕에 평상시에 값비싼 명품이
란 꿈도 못 꾸어 본 서민들은 이곳을 명품관 삼아 한두 번쯤 기분
을 낼 수 있다. 사법적 제재에도 불구하고 짝퉁시장의 규모는 갈
수록 커지고 있다. 그런데 신앙에도 짝퉁이 있다는 사실을 새삼
되새겨주는 구절이 갈라디아서에 나온다. 바울은 자신이 전한 복
음이 아닌 '다른 복음'에 대해 언급하면서 매우 광분(狂奔)한다.
'다른 복음'의 피해 때문에 그 '다른 복음'을 전하는 이가 있으면 혹 그가 하늘에서 온 천사라고 할지라도 "저주를 받아라"고 하면서 분노를 감추지 않고 있다.

바울을 통해 격분하셨던 하나님께서 이에 못지않게 오늘날 진노하시는 일이 있다면 기독교를 가장한 이단 외에 또 하나가 있으니 성령으로 위장되어 우리 삶에 들어와 있는 종교행위일 것이다. 성령의 짝퉁인 종교생활은 성도가 인간으로서 가진 종교성을 타고 들어온다. 유대교의 행위가 바울시대에 그랬듯이 종교생활은 오늘식의 '다른 복음'을 생산하고 있다. 갈라디아서에 나오는 그 저주를 받아야 할 교회, 선교단체, 사역자, 성도들이 오늘날에도 적지 않다.

진정한 복음은 한(some) 민족이 역사적 또는 문화적으로 가진 민속종교나 고유한 문화를 거치고 나와야 하기 때문에 '복음의 상황화'로 인해 어느 정도의 토속성을 가지는 것은 불가피하다. 그러나 이러한 토속성이 주된 복음으로 자리를 잡아 일종의 '다른 복음'으로 변질이 되면 그 피해가 커진다. 인간의 종교성과 결탁한 종교관습은 기독교 복음 본연의 정신을 오도한다. 이러한 '다른 복음'의 폐해는 갈라디아 교회에만 미친 것이 아니다. 민속종교가 횡행했던 우리나라 사람의 종교성은 민족 특유의 뜨거운 열정과 만나 긍정적 영향 못지않게 부작용도 많이 일으켰다.

새벽별 아래에서 물 떠놓고 산신령에게 빌던 관습이 변하여 교회사에서 그 유래를 찾을 수 없을 만큼의 기도운동을 일으켜 지금의 한국교회를 만들었다고 해도 과언이 아니다. 반면에 한발자국 빗나간 헌신은 그 어두움의 파장도 일으켰다. 새벽기도는 깨어있는 성도라면 누구나 사모해야 하는 분명 아름다운 신앙의 자세이지만 새벽기도가 신앙이념으로 발전한 사람에게는 이 시간이 성령의 임재를 경험하는 시간이 되기보단 자기의 '의(義)'를 키우는 종교행위로 변질된다.[22]

종교행위의 대표는 유대교 율법사들이다. 특히나 하나님까지 인정(?)하신 바리새인의 그 명성은 자자하다. 오늘날 우리 교회 안에도 바리새파 신앙인들이 꽤 있다. 신앙행위는 하나님께 나아가기 위한 신앙적 수단이다. 우리는 기도를 통해 지성소 깊은 곳으로 들어가 예수님의 팔에 기대어 보고, 성경연구를 통해 활자 속에 감춰진 하나님의 신비를 더 알아간다. 주님을 사랑한다는 이유로 지구 반대편에 있는 생면불식의 이웃에게 단걸음으로 찾아간다. 찬양 속에 임하시는 성령의 임재를 느끼며 세상 우물의 물동이를 과감히 내려놓는다. 그러나 이러한 신앙행위가 의미 없이 반복되는 관습이 되고 특수한 목적을 위한 종교 메커니즘이 되어 버리면 순수했던 헌신은 생명력을 잃게 된다.

---

22) 눅18:11~12

어느덧 '하나님의 의'를 찾는 것의 수단인 기도, 성경연구, 선교, 찬양 등이 인간적 '내 의'를 드러내는 수단으로 변질되고 이내 그 수단이 신앙 이념과 만나 합당을 하면 웬만한 신앙은 다 꼬박 속아 넘어가는 우상으로 트랜스포머 된다. 그리고 간교한 그 우상은 종교인의 중심자리에서 하나님의 자리를 꿰차고 만다. 이때부터 신앙행위는 성령님과 동행하는 통로가 아닌 종교생활을 위한 터전으로 전락된다. 헌신된 크리스천의 우상은 달마대사 그림이 있는 부적 따위보다 훨씬 교묘한 형태[23]로 들어와 있다.

종교는 놀랍게도 인간이 만들어낸 작품이다. 인간은 누구나 화(禍)를 면하고 복(福) 받기를 원한다. 그러나 이것은 인간의 힘으로 조정할 수 없는 영역이기에 자신보다 초월적인 존재의 힘을 구하기에 이른다. 자신이 믿고 규정한 그 신에게 자신이 할 수 없는 그 무엇을 구하고 그 대가로 그 신이 원하는 것(제물)을 바치는 것이 종교의 기본 틀이다. 자신의 한계로 인해 벽에 부딪힌 인간이 그것을 극복하기 위해 스스로 고안해낸 것이 바로 종교이다. 자신이 준 제물과 그 대가로 신이 하사해주는 보상 사이에서 인간은 자신이 믿는 신과 일종의 거래를 한다. 그래서 종교생활을 하는 크리스천이 되면 하나님과 종교적 딜(deal)을 지속적으로 시도하게 된다.

---

23) 고후10:4~5

기독교에도 간구와 기도응답이라는 영역이 분명히 있다. 기도를 하는 성도의 신앙연령(연수가 아니라 영적 성숙도)이 어릴수록 하나님께서 기꺼이 을(乙)이 되어 그의 기도에 따라가 주시기도 하지만 그의 성화 정도에 따라 주님은 이내 영적작통권을 요구하신다.[24] 초신자 딱지를 떼기까지 기도응답이 술술오는 것은 당연한 간증이지만 어느 정도의 영적인 성장을 거치면 하나님은 거기에 맞는 대응방식으로 우리를 대면하신다. 이제 돌을 갓 지난 아이가 울고 떼를 쓰면 무조건 들어주지만 제법 나이가 든 큰 애가 혹 떼를 쓰면 그 아이의 페이스에 넘어가지 않고 오히려 그 녀석에게 유익이 되지 않는다는 이유와 함께 그 요구를 거절한다. 그것을 거절당한 아이의 실망한 괴로움보다 어쩔 수 없이 거절한 아비의 마음이 더 힘들다.

전능하신 하나님은 우리의 유익과 성화에 맞춰 기도를 들어주시지만 우리의 연약과 그분의 긍휼로 인해 이따금씩 우리의 종교행위에 기꺼이 조정(조작) 당해주시기도 한다. 그러나 이는 우리의 연약으로 인해 종교행위를 허용하시는 것이지 그것을 기뻐하신다는 의미는 결코 아니다. 종교성이 강화되는 만큼 하나님과의 인격적 관계를 맺는 진폭은 점차 줄어들고 끊임없이 자기의 필요에 의해서만 하나님을 찾아가 종교거래를 시도한다. 성령님과의 인격적 교제를 잃은 성도는 인식변화를 통한 성화를 맛보기보다 종

---

24) 수5:15

교 메커니즘으로 강화되는 종교성으로 인해 영적성장이 정체된다. 성령님은 우리의 자기중심성[25]을 깨뜨리시지만 종교생활은 오히려 이를 더욱 강화시킨다.

교회에 다닌 지 오래되었는데도 변화되지 않는 경우는 신앙의 이름으로 자기중심성이 더 강화되었기 때문이다. 신앙의 헌신으로 포장돼 들어와 우리 안의 관습이 되어버린 종교생활은 하나님께서 가장 기뻐하시는 우리의 성화를 더디게 만든다. 신앙의 연수가 꽤 되었는데도 변화가 없는 경우는 성령으로 살지 못하고 종교행위로 신앙생활을 한 탓이다. 이러한 종교 메커니즘에 빠지면 신기하게도 기도를 하면 할수록, 성경을 보면 볼수록, 교회에 헌신하면 할수록 야곱의 환도뼈[26]는 더욱 강화되어 주변 이웃은 말할 것도 없고, 같은 교회내의 성도들조차 혀를 내두르는 사람이 된다.

† 기독교가 타종교와 전혀 다른 구별점은 성령이다.

　- 크리스천이 된 이에게 모든 답이 되시는 성령 하나님

---

25) 주관적인 내 기준, 내 경험, 내 기대가 절대가 되어 살아가는 이기적인 성향

26) 변화되기 전의 야곱과 변화 후의 이스라엘을 나누는 기준점으로서 환도뼈가 나온다. 즉 성경의 저자는 인간의 '자기중심성'을 상징하는 단어로 야곱의 환도뼈를 사용한다.

예전에 신앙상담으로 일 년에 한두 번씩 만난 타교회의 장로님 한 분은 여러 가지 신앙의 딜레마 중에서 기도에 대한 질문이 많으셨다. 대기업 임원으로 아침 일찍 서울 근교로 출근하시는 이 장로님은 거의 빠지지 않고 새벽기도를 하실 뿐 아니라 밤기도도 정기적으로 하셨던 분이다. 자신의 기도가 마치 주기도문을 외우듯이 항상 똑같은 레퍼토리로 진행되고 매번 대사 읊듯이 같은 기도를 하는 것이 과연 맞는 일인지에 대한 회의 섞인 질문이었다. 매일 정해진 활자를 읽는 듯한 생명력 없는 기도에 스스로 지친 것이다. 결론적으로 말해 이 장로님의 기도의 딜레마는 타종교의 기도와 별반 다를 것이 없었던 것에 있었다. 기도하는 대상이 하나님일 뿐 기도를 통해 하나님과의 인격적인 관계가 생기지 않은 것이다. 기도의 수신자가 하나님이고 예수님의 이름으로 종지부를 찍는 것 빼곤 타종교 아니 민속종교와도 전혀 다를 것이 없으니 기도의 연수가 좀 찬 사람이라면 누구나 한 번쯤 빠질만한 이슈였다.

새벽기도, 금식기도, 철야기도, 작정기도, 릴레이 기도 등등 사실 간구 중심의 기도 좀 해 본 사람이라면 우리의 기도가 혹 기복신앙을 만드는 주범이 아닌가 한 번쯤은 고민하게 된다. "지금 내가 하고 있는 기도가 과연 맞게 가고 있는가?"하고 말이다. 사실 이러한 딜레마에 한 번도 빠져보지 않았다면 기도를 많이 해 본 사람이 아니다. 적어도 기도 좀 해본 사람이라면 마땅히 거쳐 가야 하는 길목인 셈이다. 가장 성경적인 기도가 있다면 예수님이 가르

수지래는데 통지?
예믿은 오되었는 왜도하 변않 죠 .

81

쳐 주신 기도인 주기도문일 것이다. 주기도문에 담긴 하나님의 의도를 알지 못하면 이는 무의미한 주문이 된다.

주기도문에 붙여진 예수님의 설명을 보면 이렇게 시작된다. "그러므로 너희는 이렇게 기도하라" 여기서 "이렇게"의 뜻은 영어로 "In this pattern"이다. 즉 "이와 같은 방식으로"란 뜻이다. 주기도문은 기도의 원리와 방향을 가르쳐주신 것이지 오늘날 우리네의 아무 생각 없이 기계적으로 외우는 '주문'이 아닌 것이다. 물론 처음의 의도는 그 원리를 상기하라는 의미에서 주기도문을 외운 것이겠지만 그 본연의 의도를 상실한 지금은 우리 기도생활에 전혀 도움이 안 되는 '앵무새의 따라 하기'식 메아리가 된지 오래다.

기독교의 기도가 타종교의 기도와 전혀 다른 구별되는 점은 바로 성령님께 있다. 성령으로 기도하고, 성령 안에서 기도하고, 성령에 의해 기도하지 않으면 우리가 아무리 새벽에 기도하고, 밤마다 기도하고, 금식하며 기도한다고 할지라도 종교적 기도에서 벗어나지 못하게 된다. 예전에 서울 시내에 있던 불교의 유명한 사찰 앞에서 살았던 적이 있었다. 이른 새벽이면 목탁을 두드리는 소리에 깨어 교회로 새벽기도를 가곤 했다. 주님께서 시계의 알람소리 대신에 스님들의 목탁으로 날 깨워주신 셈이었다. 당시 기분 나빴던 것은 하나님의 사람들보다 부처님의 사람들이 좀 더 일찍 일어난다는 것이었다. 왠지 교회의 새벽기도가 불교의 새벽기도에 밀리는 느낌이 들어 그랬다.

이슬람에서는 하루에 드리는 정기(定期) 기도가 꽤 많다. 스님 출신의 전도사님에게 들은 얘기지만 어떤 불교에서는 100일을 금식해야 대승이 된다고 한다. "헐, 예수님도 금식기도는 40일이셨는데…" 거기에 "나는 3일 금식도 하지 않고 목사 안수를 받았는데…" 기도의 시간, 기간, 횟수로만 따지면 우리 기독교는 타종교에 명함도 못 내민다. 종교의 기도는 인간의 한계를 뛰어넘어야 그 의미가 크다. 왜냐하면 종교는 인간 스스로의 힘과 의로 그 종교가 말하는 꼭짓점에 이르기 때문이다. 그래서 종교에서 말하는 어느 지점에 이른 사제(司祭)는 인간적으로 위대하다.

그러나 기독교는 다르다. 우리는 오직 은혜로만 이루어진다. 그렇다고 "인간은 아무런 노력을 하지 않아도 된다"는 뜻이 아니라 주님이 주시는 은혜 없이는 아무리 인간의 힘이 뛰어나도 할 수 없다는 뜻이다. "능으로도 되지 않고 힘으로도 되지 않고 오직 성령으로만 가능하다"는 것이 성도가 지향해야 하는 기도하는 자세이다. 성도라면 '성령의 기도'를 배워야 한다. 예수님은 금식도 성령님의 인도를 받아서 하셨고 공생애 사역도 성령의 인도하심을 받았다. 예수님은 하나님 자신이셨지만 아버지의 뜻을 따르기 위해서 철저히 성령님의 지도를 받으셨다. 성령으로 기도하는 일은 신학교나 교회의 강단에서 가르쳐주지 않는다. 아니 가르쳐줄 사람이 없다. 이는 광야에서 엎드려진 만큼 배우는 철저히 개인적 영역의 일이기 때문이다.

기도만 아니라 우리는 살아가는 것 모두 성령님과 더불어 하는 법을 익혀야 한다. 이것을 모르면 우리는 믿음으로 시작하여 종교로 마치는 우(愚)를 반복한다.[27] 하나님께서 믿음의 조상 아브라함을 세우실 때에 주신 요구가 바로 '할라크, 가라'였다. 히브리어에서 '걷는다'는 의미를 가진 이 용어는 '일상을 살아가다'라는 관용적 표현이기도 하며 에녹과 노아에게는 주로 '동행하다'의 의미로 사용되었다. 이는 일상 가운데에 찾아오신 '하나님과 함께 살아가다'란 의미까지 확장된다. 할라크를 하는 사람은 당연히 성령님과 친밀해진다.

에녹은 자녀를 낳는 일까지 주님과 동행한 사람이다. 상호 간에 친밀감은 많은 말과 많은 설명이 있어야만 드러나는 것이 아니다. 베드로는 자신을 다시 찾아오신 예수님을 보자마자 다른 이는 흉내도 내기 어렵게 주님이 계신 바다로 다이빙하여 풍덩 들어갔다. 그의 사랑하시는 제자 요한은 홀로 예수님의 품을 전세 내어 그 가슴팍을 독차지했다. 기도할 때에 하나님을 부르는 호칭과 그 호칭의 뉘앙스만으로도 그와 하나님과의 관계를 짐작할 수 있다. "만군의 여호와"에서부터 "하나님 아저씨"까지 그분과 서먹서먹한 사이임을 드러내는 기도자의 호칭은 그가 평소 성령님과 얼마나 가깝게 지냈는지 알 수 있는 시금석이 된다.

---

27) 갈3:3, "성령으로 시작하였다가 이제는 육체로 마치겠느냐?"

친구처럼 하나님과 대면하여 교제를 했던 모세는 고별설교에서 이스라엘에게 자신이 평생 경험한 하나님을 '아버지'라고 소개했다. 하나님과 하나이실 만큼 가까우셨던(?) 예수님은 십자가에서 "하나님"이라고 부르셨던 것을 빼고는 한 번도 하나님을 하나님이라고 부르시지 않고 언제나 아버지라고 부르셨다. 똑같이 아버지라고 부르더라도 다 같은 뉘앙스의 아버지는 아닐 것이다. 양아버지나 별로 친밀감이 없는 아버지가 아닌 선잠에서 갓 깨어난 아이가 엄마에게 젖을 달라고 잠결에 부르는 "엄마!"와 같은 친밀감 듬뿍 담긴 뉘앙스의 그 '아버지' 말이다. 우리식으로 말하면 "하나님 엄마!" 정도가 아닐까? 싶다. 유교적 정서가 강해 엄하고 권위적인 아버지상을 갖고 있는 한국 사람에게 '하나님 아버지'의 '아버지'는 도리어 친밀감에 반감을 줄지도 모르겠다.

하나님 아버지와의 친밀감이 담겨져 성령 하나님과 함께 살아가는 사람은 그저 신(神)들 중의 하나인 하나님을 섬기는 종교적 크리스천과는 분명 다를 것이다. 이는 마치 하나님의 아들로서 이 땅을 사셨던 예수님과 만군의 여호와로 하나님을 섬겼던 율법사들의 차이만큼 다를 것이다. 하나님과 점점 가까워지는 관계의 친밀감은 종교행위가 아닌 성령으로 말미암는다. 우리가 성령으로 할라크를 하고 성령으로 행하게[28] 될 때에 갖게 되는 상급이 바로 아버지와 친밀한 관계를 회복하는 일이다. 이러한 '친밀감의 지성

---

28) 갈5:25, '스토이케오'는 '행하다', '걷다'의 의미를 갖고 있다.

소'로 들어가게 되는 일이 예배의 가장 큰 축복이다.

·

아담 스캔들이
인생에 가져다 준
이원론의 결핍,
그 갈증은
우물로의
땀을 멈추지 않는다.

광야의 갈증은
오늘도
세상이란 시공간을 입고
나를
'혹시'라는 우물가로
안내한다.

마시고 마셔도
채우고 채워도
크로노스의
종점과 만나기 전에는
저 끝이 없는
아! 목마름이여

야곱이라 붙여진

내 우물가의

저 끝에서

인격이신 영으로

날 만나러 오시는

생수


생수의 강으로 열린

임재 안에서

채워진

인격의 지성소

한없이 터져 나오는

눈물의 강


값비싼

내면의 향유를

눈물로

깨뜨린

여인이 되어

그 분의 발을 씻는다.


목마르지만

목마르지 않은

광야는
이내 젖과 꿀이 흐르는
새 인식의 시공간을 입고
이미(already)의 나라를 연다.


만남,
감격과 눈물,
채움이 있는
친밀감의 지성소를 향해
예배자는
오늘도 걷는다.


축도와 함께
이내
임재에서 깨어난 내 정서는
야곱의 물동이를 내려놓는
수가성 여인이 되어
삶이라는 마을로 들어간다.


– 예배
·

# † 본질(text)의 영이신 성령님은 적용(context)의 영이시다.

### – 성령의 사람이 될 것인가? 종교인이 될 것인가?

예수님은 자신이 아버지와 하나라고 말씀하실 만큼 하나님과 하나됨의 연합을 이루셨다.[29] 예수님은 하나님의 마음으로 항상 채워져 계셨고 그래서 항상 그분의 뜻 위에 서 계실 수 있었다. 예수님은 자신에 대해 구약 자체[30]라고 하실 만큼 말씀에 녹아진 삶을 살고 계셨다. 예수님께서 성경의 전문가라고 하는 율법사들의 해석을 뛰어넘으시고 그들이 발을 딛고 있었던 구약의 시간에서 그 당시 아직 진행 중인 신약으로 자유롭게 넘나드실 수 있었던 배경에는 말씀의 정신을 정확하게 알고 계셨고 성경의 본질을 관통하고 계셨기 때문이다.

유대인들은 반면에 성경에 담긴 복음의 정신보다는 그 정신을 담아 적용한 규례에만 매여 있었다. 성경의 본질은 영원하지만 그것을 적용하는 일은 시대마다 다르고 개인마다 다르다. 이 사실이 무시되거나 간과되면 예수님의 반차를 좇기보다 율법으로 하나님을 처형한 유대인의 뒤를 좇기 쉽다. 율법은 선하지만 율법주의에 빠지면 하나님을 사랑하는 그 열심만큼 오히려 자기 주변을 죽이는 사람으로 전락한다. 율법의 본질을 잃고서 나온 종교

---

29) 요17:21

30) 눅24:44

적 열정은 하나님이신 예수님도 십자가 처형시키는 일을 감행한
다. 화석화된 신앙 못지않게 무서운 것은 잘못된 방향에서 홀로
뜨거운 신앙이다.

율법의 근본정신은 하나님과 이웃 사랑이다. 이 사랑의 실천을
위해 하나님은 사랑의 아웃라인으로 십계명을 주셨다. 4계명까
지는 하나님을 향한 수직적 사랑을 나머지 여섯 계명은 이웃과
의 수평적 사랑을 위한 세레나데이다. 그래서 성경은 모든 계명
의 압축 파일로 하나님과 이웃을 사랑하라고 말씀하신 것이다.[31]
하나님을 좀 더 사랑하기 위한 열심으로 출발하긴 했지만 그들이
613개의 조항으로 나눈 규율들은 율법의 본질을 잃은 후 이웃을
사랑하는 도구가 아닌 도리어 이웃을 판단하고 죽이는 무기로 전
락했다.

율법사들이 문제를 삼았던, 안식일에 굶주림을 채우기 위해 다른
사람의 밭에서 곡식을 따고 손 마른 사람을 치료해 주신 행위는
율법을 경이 여겨서가 아니라 이웃을 진정으로 사랑하시기 위한
섬김 때문에 나온 것이다. 이것이 성령으로 사는 이와 종교로 사
는 이의 차이이다. 성령은 우리로 자유케 하지만 의문에 싸인 율
법의 정죄는 우리를 죽인다.

---

31) 롬13:8~10

영어에 '정확한'이란 뜻을 가진 'exact'란 단어가 있다. 앞의 접
두어 'ex'는 'out of, 안으로부터 밖으로'의 뜻이다. 그래서 출
(出)애굽을 뜻하는 단어가 'exodus'이고 비상구를 뜻하는 단어가
'exit'(여기서 it의 의미는 go- 밖으로 나가다)이고 '수출하다'는
단어가 'export'(항구 밖으로 나가다)이다. 그리고 'exact'의 어
근은 'act'로 '행동하다(do something)'의 의미를 갖고 있다. 즉
'정확하다'의 의미는 '행동이 안에서 밖으로 나온다'가 된다. 우리
가 무언가를 정확하게 인식하면 그 인식대로 살게 된다는 뜻을 갖
고 있는 거룩한(?) 단어이다.

예수님과 유대인의 차이가 여기에서 나왔다. 예수님은 하나님의
말씀을 정확하게 꿰뚫고 계셨다. 그래서 그분은 청중의 상태와 상
황(컨텍스트)에 맞춰 자유롭게 적절한 비유와 적용을 주신 것이
다. 그분은 호환의 달인이셨고 소통의 전문가이셨다. 어부에게는
사람 낚는 어부로 목동에게는 목자로 찾아가신 것에 전혀 어려움
이 없으셨다. 그분은 본질(Text)과 적용(Context) 사이를 자유
롭게 출입하셨다. 우리는 성경적으로 살뿐만 아니라 성령적으로
살아야 온전한 삶이 된다.

언어의 영역에는 논술과 토론이 있다. 말(글, 책)에는 말하는 사
람이 전달하고자 하는 핵심 논지와 사고가 있다. 그 말 속에서 그
화자가 말하고자 하는 핵심 논제를 짚어내는 것이 논술이라면 그
가 말하는 명제에 대한 청자의 사고를 말하는 것이 토론이다. 아

이비리그는 흔히 미국뿐 아니라 세계 최고의 지성인의 산실을 상징한다. 어떤 주제가 주어져도 이러한 논술과 토론을 자유롭게 할 수 있는 준비가 된 이들이 들어가는 곳이라 한다.

내가 다녔던 시카고의 트리니티 대학은 아이비리그가 아닌 아이보리(건물의) 대학이었다. 언어학을 하신 아랍계 미국인 구약학 교수님 한 분은 수업 시간마다 학생들이 낸 제출물에 대해 항상 이런 말씀을 하셔서 나로 하여금 의문을 갖게 하셨다. "나는 너희들이 낸 과제의 책을 이미 읽었다. 난 너희들의 생각을 읽고 싶다" 처음엔 책의 줄거리를 요약해서 낸 이방인(?) 들으라고 하는 얘긴가도 했다. 그런데 그 진실은 대부분 백인 학생들을 포함한 네이티브 미국인들에게 한 말이었다. 역시 아이보리 스쿨이어선가 애 내들도 '패러프레이징'[32]을 못한다는 사실을 나중에야 알게 되었다.

주입식 토양에서 자란 한국인의 후예들은 전과서의 달인이다. 어떤 토플 학원은 영어를 가르치는 것이 아니라 토플 유형을 연구해 답을 찾아내는(?) 곳도 있었는데 신기하게 거기의 비법이 먹혀 비싼 수강료에도 불구하고 단기간에 고득점을 원하는 이들에게 한때 인기가 있었다. 강남의 유명한 토익학원 역시 그곳의 전문 요원들이 시험지를 암기해 나와 출제 유형을 통으로 알려줘 미국 사

---

32) paraphrasing(패러프레이징), 논술과 토론을 자유자재로 구사할 수 있는 언어적 능력을 말한다.

람도 이 학원에 와서 배워갔다는 전설이 있다. 놀라운 코리안의 파워다. 한국사람 때문에 미국 영어시험 시스템이 바뀌었다는 말도 있다. 논술과 토론도 외워서 하는 나라. 생각하는 힘을 키워주는 것이 아니라 생각의 유형조차 통으로 암기하는 나라에서 우리는 자라났다. 스스로 패러프레이징을 할 줄 아는 세대가 나와야 '사고의 선진국'과도 경쟁할 수 있다.

미국 유학시절, 대학교 수학시험에서 우리나라에서는 중학교 때나 배웠던 3차 방정식이 출제되었다. 그런데 숫자가 아니라 이야기로 되어 있어서 난 속수무책으로 틀렸다. 나는 나중에 답지를 보고서야 그 문제가 3차 방정식인지 알았다. 전과서 공식에 숫자 대입하는 법만 익혔던, 학력고사 세대의 나는 그 문제가 수학(수리) 문제인지조차도 몰랐다. 내 평생에 수리를 배워본 적이 있어야지 알지. 내가 아는 '수리'라고는 톰 크루즈 딸내미 밖에 없다. 생각하는 힘이 없으면 언어의 생명력은 죽는다. 언어란 언어 속에 있는 사고를 담지하는 일이다. 스스로 사고하는 힘을 잃으면 '영의 영역'은 고사하고 '언어의 영역'에서조차 성경 속의 사고를 읽을 수 없게 된다. 성경 속의 사고를 읽지 못하고 그 표면에 드러난 글자에만 매이게 되면 그에게 입력된 신의 계명은 '로고스의 말씀'[33]이 아닌 '노모스의 말씀'[34]이 되어 그의 삶에는 은혜가 아닌

---

33) 하나님의 말씀인 성경을 의미한다.
34) 십계명을 중심으로 한 성경의 계명들을 의미한다.

율법주의가 배설된다.

교리인 조직신학을 달달 외우면 이단에 빠지지 않게 하는 근력을 만들어주지만 성경신학을 하다가 그 과정에서 나온 조직신학만큼 창조적인 힘이 나오진 않을 것이다. 성령은 '언어의 영'이시다. 성령을 통한 '영의 언어'로서의 패러프레이징이 되지 않으면 문자에 매이게 되고 여기에서 발생된 의문은 전통에 빠진 권위주의와 합쳐져 하나님의 아들이 가야하는 길이 아닌 바리새인들이 갔던 길로 우리를 빠뜨린다. 성경의 언어는 머리가 아닌 삶이 담긴 무릎과 가슴으로 파야 한다.[35] 성경 속에 흐르고 있는 하나님의 섭리는 인간의 삶과 문화를 입었기 때문이다. 삶과 신앙에 대한 진지한 고민과 성찰 없이 학문적 호기심만으로는 영의 세계가 열리지 않는다.

성경을 정확히 보려면 언어 이면에 담겨진 언어를 볼 수 있어야 한다. 즉 성경 속에 감춰진 그 말씀의 의도(코어)를 먼저 추출해야 한다. 성령께서 깨우쳐주신 그 본질 위에 우리 각자가 처한 상황과 현실에 맞게 다시 적용해야 한다. 본질의 영이신 성령님으로부터 적용의 은혜를 다시 입는 삶만이 우리로 종교인의 자리에서 구원한다. 로고스로서의 율법은 마땅히 사랑해야 하지만 노모스의

---

35) 성경의 원문을 공부하는 것이 문제가 아니라 이것을 가슴이 아닌 머리로만 할 때에 문제가 된다. 성경을 대하는 이의 사명과 거기서 나온 자세에 의해 성경해석의 열매가 결정된다.

율법에 갇혀 율법주의자가 되는 일은 피해야 한다. 전통으로 내려오는 복음의 정신은 계승 발전시켜야 하겠지만 전통주의에 빠져 그 전의 방식만을 답습하는 일은 피해야 한다. "종교인이 되느냐? 성령의 사람이 되느냐?"는 여기에 달려있다.

## † 성령의 일은 항상 사랑을, 종교의 일은 자랑을 각각 지향하게 된다.
### – 변화의 방향, 무엇이 자랄 것인가?

사실 우리 자신이 스스로 자랐다고 느끼는 것은 쉽지 않다. 왜냐하면 우리의 신장은 눈에 보이지 않을 만큼 씩만 자라기 때문이다. 그야말로 폭발성장이 아니고서는 그 성장을 스스로 감지하기란 쉽지 않다. 아이를 길러보면 이는 금세 확인된다. 아이와 씨름하며 지내다 보면 내 눈엔 항상 고만고만하게 보이는데 오래간만에 보는 사람 눈에는 그가 쑥떡 자랐다고 난리다. 이와 같이 근거리에서는 잘 안 보이는 것들이 있다. 군대를 간 처남이 군대 간다고 한지가 엊그저께 같은데 벌써 제대한다고 하는 것과 같다. 당사자에게는 그 시간이 얼마나 더디게 갔겠는가? 원거리에 있던 사람과 군대에 있던 당사자가 느낀 시간이란 전혀 다른 법이다.

우리의 영적인 성장도 이와 같다. 하도 고집이 세서 "저 사람 언제

변화될까?" 싶은 사람을 몇 년 만에 만났더니 어느새 연단을 먹고 많이 변했다. 그의 신상을 고스란히 전하니 아내가 그런다. "그 사람, 겉절이 같더니 그새 많이 묵어졌네" 그의 성화에 대한 증인 하나가 는다. 우리의 연약은 성령으로 살기보다 종교의 틀에 자꾸 갇혀 있게 만들지만 거듭난 사람을 향한 성령 하나님의 헌신은 쉬지 않기에 우리의 종교성이 성화의 시간을 좀 더디게 할 수 있어도 결코 막을 수는 없다.

가끔씩 상담하러 찾아오는 교우들로 인해 최근에 느끼는 점 하나가 있었다. 거의 대부분 안 변할 것 같았던 이들이 정도의 차이만 있을 뿐 성령님이 주시는 변화를 갖고 온다는 점이었다. 근거리에 붙어 있을 땐 잘 느끼지 못했던 것을 떨어져 있다 보면 보이는 게 있다. 전혀 변하지 않을 것 같았던 이들의 변화와 성장을 보며 하나님의 살아계심을 고백하게 된다. 물론 "저 사람 거듭난 거 맞아?"라는 의심이 들게 할 만큼 성장이 없어 보이는 이도 간혹 나타나지만 섣부른 판단을 중지해야 하는 이유는 성장의 시기가 좀 늦은 사람도 있고 성장의 속도가 더딘 이도 얼마든지 있기 때문이다. 그 성도의 성장 크기를 가늠하는 잣대는 내 기준이 아닌 하나님의 것이므로 더더욱 그렇다.

하나님께서 주시는 성화는 상대평가가 아니라 각자가 자기 안에서 맞이하는 절대기준이다. 나는 누구만 못하다고 자책할 필요도 없고 누구는 어떤 이만 못하다고 판단할 이유도 없다. 우리 주님은 "너는 왜 쟤만 못 하냐?"고 안 하시고 '어제의 나'보다 조금 더 성화된 '오늘의 나'를 보시고 박수를 쳐주시기 때문이다. 물론 이 간격이 하루, 이틀이 아니고 몇 년에서 몇 십 년에 이르도록 주님의 인내심과 자비하심은 크니 내 기준만큼 조바심을 낼 이유가 전혀 없다. 여하 간에 믿음의 경주에서 내가 경쟁해야 할 대상은 내 옆의 '너희'들이 아니고 '어제의 지나간 나'이다.

바울이 격려하고 권고한 성화의 방향은 업적이나 도덕성의 수치 (數值)가 아니었다. 바울이 빌립보 지체들의 성화를 위해 기도한 내용은 '사랑의 풍성'이었고[36] 사랑하는 아들 디모데에게 권한 경계의 목적도 청결한 마음, 선한 양심, 거짓 없는 믿음에서 나오는 '사랑'이었다. 우리에게 주어지는 성화는 하나님의 사랑이 점점 더 풍성해지고 우리 각자가 가진 그릇에 그 사랑으로 채워지는 것에 있다. 사랑! 이것은 성령의 열매이며 성령께서 하시는 사역의 방향이며 우리가 성령으로 사는지 아니면 종교적으로 사는지를 분별하는 잣대와 시금석이 된다. 왜냐하면 하나님의 속성이 사랑이시기 때문이다.

'성경적'이냐 못지않게 우리에게 중요한 기준이 '성령적이냐?' 하는 것이다. 이것을 가늠하는 분별점은 그 행위의 동기나, 과정이 사랑이거나 혹은 그 결과가 사랑으로 귀착하는가를 확인하는 것

---

36) 빌1:9

에 있다. 교회에서 또는 삶의 일상에서 하는 어떤 일이든지 이것이 성령으로 하는 일인지 아닌지는 그것의 전후 배후에 '사랑하는 마음'이 있는가를 확인해보면 안다. 종교심에서 난 일은 반드시 인간적인 '내 의'가 드러나고 그만큼의 생색을 내게 된다. 혹 이것이 인정되지 않으면 섭섭함이 올라온다. 만일 사랑보다 그 일로 인해 자랑이 생기거나 그리고 누군가에 대해 우월감 내지는 열등감이 든다면 이는 종교행위였을 가능성이 농후하다. 이처럼 성령으로 나는 일은 사랑을 향하게 되고 종교로 나는 일은 자랑[37]을 향하기 때문에 이것을 분별하는 일은 생각 외로 어렵지 않다. 값비싼 대가를 지불하고 창세동 6-4번지에 위치한 네피림[38] 대학원으로 유학(?)을 다녀온 어느 탕자의 고백을 잠시 들어보자.

·

언젠가 역사를 책임져 보겠다는 모임의 틈바구니에 끼어 본 적이 있었다. 남다른 '역사의식'이 있어서가 아니라 우연한 기회에 들렀다가 주저앉게 되었다.

언어학, 해석학, 철학, 영성학 등등 그곳의 커리큘럼은 예사롭지 않았다. 사사로운 대화도 허락하지 않는 그곳의 분위기 역시 무시무시했다. 그 어떤 스파르타 입시학원보다도 빡센 거기만의 일정도 범상치 않았다.

---

37) 딤전1:3~7
38) 창6:4

마치 제 2의 종교개혁을 향하는 듯

인류의 종말을 홀로 책임지는 듯

역사의 진보를 모두 채우려는 듯

이마엔 붉은 글씨의 띠를 조여 매는 듯

선민의식으로 무언가를 향해 돌진하고 있었다.


그러나 그곳엔 성령의 기도가 없었다.

누군가 매긴 서열만 있을 뿐

서로를 향한 사랑은 진작에 없었다.

그곳에 가면 갈수록 사랑은 메마르고 자랑만 불어났다.

우월감이 커지는 만큼 열등감도 동시에 무거워졌다.

세상 그 어느 곳에도 없는 그곳만의 유학생활을 통해 '성령론'을
배웠다.

기도가 없고, 기쁨이 없고, 관계가 없고, 인간미가 없고, 사랑이
없다면 성령적이지 않다는 진리를 말이다.

진정한 역사(歷史)는 주님이 주신 '내 블록' 안에서 '나다움'만큼
채우는 일이다.

이것이 진정으로 역사를 책임지는 성령적인 삶이다.


– 사랑이 그 안에 없다면…

·

거짓 교리와 '내 의'에 빠져 있던 율법의 선생들을 경계하면서 바울은 디모데에게 사랑이라는 기준을 잃지 말라고 당부한다. 바울은 디모데 뿐 아니라 자신이 개척한 교회의 사람들과 교제를 할 때에 성령의 끈인 사랑으로 하였다. 혹 책망을 하든지, 혹 권고를 하든지, 혹 명령을 하든지, 믿음의 교제 전후에는 항상 사랑이 있었다. 성령으로 사는 법을 익혔기에 가능했던 일이다. 그렇지 않으면 그가 한 일로 인해 "누가 옳으니", "지가 뭔데 이래라 저래라야", "지가 하나님이야 뭐야?", "넌 얼마나 잘 사는데" 하는 등의 변론이 난다. 왜냐하면 성령의 '하나님의 의'가 아닌 인간의 '자기 의'에서 나온 신앙적 권면은 감동 대신에 격동을 일으키기 때문이다. 인간의 열등감에서 비롯된 '자기 의'는 다른 사람의 열등감을 자극하고 출력시켜 반감을 불러일으키기 마련이다. 인간을 변화시키는 창조 코드는 우월감에서 내뱉는 잔소리가 아니라 사랑이다.

창세기 1장에 나오는 창조는 하나님께서 사랑하시는 사람을 위해 흘리신 땀의 결정체이기에 그 창조는 항상 사랑을 입어야만 피조계로 창출된다. 그래서 성도로서 내가 무엇을 하기 전에 반드시 구해야 하는 은혜가 바로 성령으로부터 말미암은 사랑이다. 누군가를 사랑할 마음으로 충만해지거나 어떤 일을 사랑으로 감당할 준비가 될 때가 바로 그때인 것이다. 그렇지 않으면 무릇 사역을 통해 사랑이신 성령 하나님으로 충만해질 때까지 기다리는 편이 낫다. 사랑이 빠져버린 신앙행위는 기독교를 가장한 종교 활동이 될 뿐이다. 신앙 활동을 하면서 이 일이 과연 '성령적인가?'를 확인하는 잣대는 그 속에 성령님으로부터 발원된 사랑의 유무를 보는 일이다. 우리는 종종 성령으로 시작하여 육체로 마치는 경우를 본다.

성령의 삶과 종교의 삶 사이를 오가며 우리는 점차 주님의 계획을 채워간다. 나는 매일 실패하지만 우리 주님은 날마다 승리하신다. 실패 속에서도 주님을 향한 찬양이 끊이지 않아야 하는 이유는 나의 모든 실패가 전부 십자가의 승리 안에 있기 때문이다. 주변만 아니라 자신의 시선에 비록 미흡하지만 성도들의 영적인 신장은 그래도 자라난다. 회개의 방향도 '윤리적인 것'에 집중되었던 것에서 점점 '성령으로 살지 못한 것'으로 전환되어 간다. 누구를 미워하고, 거짓말하고, 공공질서를 범하고, 큐티 못하고 등등의 모습에서 나와 점차 내 안에 사랑이 없는 것으로 기도하게 되고, 하나님을 전보다 더 사랑하지 못하는 것 때문에 괴로워하고, '하나님의 의'보다 '내 의'가 강한 것으로 회개하게 된다. 그전엔 외적인 것에 좀 더 반응했다면 점점 자신의 내면을 들여다볼 줄 알게 되고 결과보다 원인을 바라보는 시야도 제법 생긴다. 이것이 영적 성장의 선물이요 성숙한 삶의 전주곡들이다.

우리 성화의 속도가 대한민국의 IT 수준이 혹 아니더라도 섣부른 실망은 하지 말자. 우리가 바라볼 것은 나의 연약함이 아니라 내 안에서 착한 일을 시작하신 분의 신실하심이다. 그분은 전능자이시다. 주님의 의지적 사역인 성도 개인의 성화를 결코 우리 인간의 이원적 잣대와 시선으로 재단(裁斷)하지 말자. 내가 물음표를 하고 있는 옆의 형제로부터 자책의 센터에 앉아 있는 나 자신의 것까지 모두 포함해서 말이다. 비록 우리 모두의 '히트할라크'[39]의 경주가 더디고 슬로우 모션일지라도 일상 속의 '할라크'는 어쩔 수 없이 하게 된다. 이제 걸음마를 시작한 아이가 머지않아 뚜벅뚜벅 걷게 되고 곧 팔짝팔짝 뛰게 되는 것처럼 거북이 보폭을 가진 우리는 성령 안에서 부지중에 '히트할라크'를 하게 될 것이다. 그리고 성령님의 인도를 받은 이 걸음은 그분을 닮은 사랑으로 채워질 것이다.

.

"너희 속에 착한 일을 시작하신 이가

그리스도 예수의 날까지 이루실 줄을 우리가 확신하노라"

(빌1:6)

.

---

39) 히브리 단어 '할라크'는 '걷다'의 의미로 '히트할라크'는 '할라크'의 강조형 재귀태이다. 구약에서 '동행하다'는 의미로 사용된 '히트할라크'는 본 책에서는 주로 성화를 의미하는 것에 사용되었다.

## 잠시 쉬어가기

### ::: 크리스천과 종교인

크리스천은 하나님으로부터 받은 생명의 유기적 활동으로 살아간
다. 창조주이신 성령님은 우리의 생명 안에서 새로운 창조를 만들
어 가신다.
우리가 걸어가는 성화의 신비는 그 중에서도 으뜸이다.
이러한 생명의 창조는 천(千)이면 천, 만(萬)이면 만, 모두가 다 다
르다. 아무리 같은 부모에게 나왔더라도 그 모양과 성격이 다 다른
것처럼 말이다. 따라서 성령으로 살면 성화라고 하는 생명의 창조
가 새롭게 일어난다.
성화는 타인과의 비교수치가 아닌 자기 자신을 대상으로 한 변화
의 질량이다.

종교는 균일화된 잣대 아래에서 획일화된 신앙 활동을 하게 한다.
성령의 임재가 열린 지성소를 잃으면 성소의 신앙 활동은 오히려
성화를 억류한다. 교회에서 하는 몇몇 활동을 가지고서는 삶의 변

화를 출력할 수 없다.

종교적 특수 공간에서 나온 관성에 탄력을 받으면 새벽기도, 주일
성수, 봉사활동 등을 얼마든지 능숙하게 해낼 수 있지만, 다시 일상
의 자리인 세상으로 들어가서는 그곳의 관성대로 살아간다.
종교인이 되어버린 문화적인 크리스천은 삶과 신앙이 분리된 채
종교 활동만으로 교회에선 '신앙 좋다'는 소리를 듣는다. 크리스
천의 무늬를 입은 종교인은 신앙연수만큼 자기세계에 갇혀 화석
화된다.

기도를 하면 할수록 자기중심성이 오히려 강화되고 하나님을 사랑
하면 할수록 신기하게 주변 사람들이 상처를 받고 헌신을 하면 할
수록 인간적인 '자기 의'가 쌓이면 이는 종교인이다.
교회를 다니면 다닐수록 자기의 연약함이 드러나 '하나님의 의'를
구하게 되고 신앙의 연수가 늘어나면 날수록 영적 파산을 맞는다
면 그는 크리스천이다.
성령 하나님의 도움 없이는 아무것도 할 수 없음을 진지하게 고백
하게 되고 오직 '내 의'는 십자가뿐이고 '내 생명'은 오롯이 성령으
로 말미암는다는 탄식이 생긴다면 그는 진정한 성령의 사람이다.
거기에서부터 변화는 시작된다.

당신은 성령의 사람과 종교인 중에 누구인가?

# 4과
·

# 교회에 열심히 다니는데도 왜 삶에 어려움이 많지요?

‖ 신앙의 딜레마,
성화로 만족해야 하나? 성공에 도달해야 하나? ‖

·

† 인생의 여정에서 기근을 만나다.
 – 신앙의 옵션이 아니라 필수인 광야

† 광야를 거쳐야만 가나안이 열린다.
 – 믿음의 연단으로 열리는 성숙의 땅

† 우리 각자가 만나는 광야의 환경은 내 우상청결과 관련이 있다.
 – 광야 졸업장 취득을 위한 수강신청

† 하나님의 꿈과 내 꿈이 하나가 되다.
 – 성령으로 채워진 성화와 성공 간의 거리

·

# 4과

## 교회에 열심히 다니는데도
## 왜 삶에 어려움이 많지요?

**∥신앙의 딜레마,**
**성화로 만족해야 하나? 성공에 도달해야 하나?∥**

교 회 에
열 심 히
다니는데도
왜 삶 에
어 려 움 이
많 지 요 ?
·

107

† 인생의 여정에서 기근을 만나다.
　– 신앙의 옵션이 아니라 필수인 광야

우연한 기회에 지인에게서 "올케언니가 시험에 들었다"는 고민을 듣게 되었다. 그 이유인 즉은 자기 나름대로 교회를 열심히 다녔는데 전보다 형편이 나아지지 않고 계속 생활이 어렵다는 것이었다. 예수 믿고 대박까지는 아니더라도 중박(?) 정도는 나야 되는데 "예수 믿고 잘 됐다"는 간증만 듣다가 성공 스토리에서 제외된 자신의 모습을 보면서 시험에 들고 만 것이다. 특히나 '인과응보'라는 종교성으로부터 자유롭지 않은 사람들은 이러한 시험에 드는 이들을 색안경을 끼고 바라본다. 신앙생활을 열심히 하고도 축복을 받지 못한 것은 그 사람에게 뭔가 문제가 있다는 눈빛으로 말이다. 교우가 혹 어려운 일이라도 당할 참이면 그에게 그만한 죄가 있어서 그렇게 됐다는 인식을 갖고 있다. 하나같이 욥의 친구들처럼 심판자가 되어 "아니 땐 굴뚝에 연기 나랴?"는 식의 판단으로 고난 받는 교우를 정죄한다.

교회에서 서로의 아픔을 나누는 지체생활은 온데간데없고 혹 개인의 치부가 드러날까 다른 교우 앞에서 '아닌 척, 있는 척' 하느라 교회생활의 짬밥과 함께 연기력도 늘어만 간다. 그렇다고 대놓고 자신의 처지를 하나님께 불평하면 믿음이 없어 보여 이러지도 저러지도 못하고 끙끙 앓다가 이내 깊어진 회의감은 웬만한 메시지로 주사를 맞아도 꿈쩍도 안 하는 상태에 다다른다. 깊어만 간 부정적 신앙은 매사가 부정적으로만 보이고 교회의 행사 모두가 뒤틀려 보인다. 상황이 이쯤 되면 메시아가 직접 찾아오셔서도 짜증을 낼 판이다.

호수 위에 고요히 떠 있는 백조의 세계는 마치 우리의 모습을 보여주는 듯하다. 수면 위의 우아한 모습 이면에 그 밑에선 물에 떠 있기 위해 발광을 하고 있는 이중적인 모습 말이다. 살기 위해 언제나 발버둥치는 자신과는 달리 저편에 있는 다른 백조들은 하나같이 교양 있고 엘레강트해 보이기 때문에 열등감을 갖게 되는 것과 같다. 자신의 모습은 수면 밑의 리얼리티를 알고 있는 반면에 다른 백조들의 모습은 수면 위의 모습만 보이기 때문이다. 더구나 수면 밑의 모습을 감추기 위해 좀 더 우아한 척 연기하는 백조들을 보고 나면 상대적 박탈감에 왠지 더 꿀꿀해진다. 겉으론 다 잘 사는 것처럼 보이지만 사실 걱정 없는 사람이 없고 우환(憂患) 하나쯤 없는 집안도 없다.

청와대쯤에 들어가면 인생의 고민이 없어지고 대기업의 오너가 되면 인생의 목마름이 없어질 것 같지만 그 당사자에게 물어보라. 아니 물어볼 것도 없이 가끔씩 나오는 TV 화면에 비쳐진 그분들의 얼굴을 보면 금세 확인되는 일이다. 원죄로 이원적 존재가 된 이후로 인간은 그 불완전한 존재성 때문에 설령 상대적으로 좋은 환경에 있을지라도 불완전을 느낄 수밖에 없다. 내가 지금 힘든 것이 내 옆의 연약한 너 때문이기도 하겠지만 실상은 불완전한 나 자신 때문인 경우가 더 많다. 20평에 사는 사람은 20평만큼의 고민이 있고, 50평에 사는 사람은 50평만큼의 고민이 생기게 되는 이유는 많이 가진 만큼 그것의 그늘도 늘어나기 때문인데 사람들은 이편의 그늘은 계산하지 않고 저편의 양지만을 계산하는 우를 범한다.

우리가 설사 예수를 아무리 잘 믿고, 신앙성적(?)이 뛰어나도 인생의 어려움이 없어지지 않는다. 왜냐하면 이러한 난관들을 통해 주님이 우리의 믿음을 단련하시기 때문이다. 따라서 올바른 신앙의 자세는 삶의 고난이 없어지기를 바라는 것이 아니라(고난이 없는 곳을 원하면 무덤으로 가라) 고난을 대면해도 힘들지 않게 그것을 이길 수 있는 힘을 키우는 것에 있다. 3살배기 딸은 벌레 한

마리를 보고선 기겁을 하며 아빠에게 달라붙는다. 그런데 그 아이가 조금 자라 유치원에 들어가니 그 동일한 벌레를 보고 발로 밟아 버린다. 벌레의 크기가 작아진 것이 아니라 아이가 성장해서 그 아이 인식 세계에서 그 벌레가 작아진 것이다.

예전엔 군인이 아저씨였는데 요새는 군인이 죄다 애들인 것은 군인의 연령이 낮아진 것이 아니라 군인을 보는 존재가 자란(늙은) 탓이다. 이처럼 대상이 바뀐 것이 아니라 그 대상을 바라보는 이의 변화로 그 해석이 바뀐다. 미국인들은 새가 노래한다고 표현하고 한국인들은 새가 운다고 말한다. 이는 미국에 있는 새는 즐겁게 지저귀고 한국의 새는 구슬프게 지저귀는 것이 아니다. 사실 새는 미국에 있는 애나 한국에 있는 애나 똑같다. 다만 그것을 듣는 이의 정서에 따라 그 소리가 달리 들리는 것뿐이다. 즉 대상은 동일한데 그 대상을 보는 이의 상태와 변화에 따라 그 대상이 다르게 보이는 것이다.

우리가 인식하는 삶의 고난도 이와 같다. 전능자이신 하나님은 우리가 감당할 시험만큼만 주신다.[40] 내가 맞서고 있는 삶의 연단이 남보다 무거운 것이 아니라 남보다 무겁다고 인식되는 것뿐이다. 예수를 믿고 애굽을 나와 홍해를 건너는 사람은 예외 없이 모두가 광야를 거친다. 그리고 그곳에서 기근을 맞는다. 어떤 이는 물질

---

40) 고전10:13

의 기근을, 또 어떤 이는 관계의 기근을, 다른 이는 건강의 기근을 맞고 있을 뿐 신앙여정에 있는 사람은 누구나 자신만의 광야에서 인생의 기근을 만난다. 이는 우리 믿음의 조상인 아브라함이 걸었던 신앙여정을 보면 더 명확해진다. 그는 하나님의 말씀을 따라 조상대대로 살아오던 고향을 떠나 믿음의 길 위에 있었지만 심각한 기근을 맞이한다.

기근은 예수를 잘못 믿어서 받는 징벌이 아니라 성숙의 땅인 가나안으로 가기 위한 과정이다. 다만 이 과정의 길이와 깊이와 넓이와 높이는 사람마다 다르고, 사명에 따라 다르고, 성화의 크기에 따라 다르고, 인격의 그릇에 따라 다르다. 이는 그야말로 하나님의 주권에 속한 영역이기에 그릇이 토기장이에게 뭐라 따질 수 없다. 그러나 분명한 사실 한 가지는 이원적 인식세계의 해석과는 달리 이 고난은 성도인 우리를 위대하게 만드는 주님의 터치라는 점이다. 전능자께서 우리 각자에게 가장 알맞은 것으로 각자의 광야를 허락하신다는 걸 신뢰해야 한다.

하나님께서 이스라엘에게 약속하신 것은 가나안이지만 그 과정으로 광야가 주어진다는 점을 잊지 말아야 한다. 여기서 우리는 두 가지 극단적 자세를 조심해야 한다. 하나는 이스라엘 백성처럼 가나안만 있는 줄 알아서 주어진 삶의 광야를 불평하며 차라리 애굽의 삶이 나았다며 뒤를 돌아보는 삶이다. 다른 하나는 광야에 오래 머물러서 아예 가나안의 삶을 포기하고 소망을 잃은 채 "사는 게 다 그렇지 뭐"하며 그럭저럭한 삶에 머무는 태도이다. 주가 주신 인생의 광야는 과정이지 목표가 아니다. 주님이 약속하신 곳에 발을 딛기 위해서는 조급해하거나 낙심하여 포기하는 일만큼은 절대 피해야 한다. 광야에서 만난 그 기근의 늪을 거치고 나와야만 그 믿음이 성숙해져 우리가 온전해지기 때문이다.[41]

광야가 옵션이 아니라 필수과정인데도 광야 한복판을 지나가면 누구나 한 번쯤은 "주님이 날 버리셨나?"내지는 "하나님이 진짜 계신가?"라는 회의에 빠진다. 이걸 거치고 나와야 신앙 딜레마는 백신이 되어 그 어떤 시험이 와도 이길 수 있는 장성한 믿음이 장착된다. "교회에 열심히 다니는데도 왜 삶에 어려움이 많지요?"라는 질문이 올라오는가? 광야 한복판을 지나는 중이다. 어차피 이 일을 시작하신 분은 주 성령님이시다. 이 일을 끝까지 이루실 그분을 신뢰하며[42] 가나안을 향해 전진하는 일만 남았다.

## † 광야를 거쳐야만 가나안이 열린다.
### – 믿음의 연단으로 열리는 성숙의 땅

---

41) 약1:2~4, 롬1:17, "믿음으로 믿음에 이르게 하나니" 어린아이의 믿음에서 장성한 믿음으로 자라난다. 이것이 바로 복음의 능력이다. 그런데 이 성장에는 연단이 필요하다.

42) 빌1:6, 우리의 성화는 한 치의 오차도 없으신 주님의 의지적인 사역이다.

애굽에서 종살이를 400년 넘게 한 이스라엘에게 절실했던 것은 애굽에서 찌든 죄성을 빼내는 일이었다. 400년이란 시간은 몇 대를 거친 시간이다. 해외로 이민을 간 이들을 보면 쉽게 알 수 있다. 이민 3세대까지 갈 것도 없이 2세대만 보아도 언어며 문화며 정체성까지 완전히 그곳 사람으로 동화가 된다. 하물며 몇 대를 넘어가면 자신의 뿌리인 민족의 정체성과 그 속의 정신을 완전히 상실한다. 선민으로서 이스라엘의 모습을 잃고 이집트화 된 그들에게 필요한 것은 애굽의 때를 벗는 일이었다. 문화적 존재인 인간이 한 번 입은 의식을 바꾸어내기란 결코 쉽지 않은 일이다. 한(some) 민족에게 한 번 입혀진 의식을 바꾸어내기 위한 교육이란 결코 하루 이틀에 이루어지지 않는다. 이스라엘에게 400년이나 묵은 때를 벗겨내는 데에 40년이 걸렸다.

교 회 에
열 심 히
다니는데도
왜 삶 에
어려움이
많 지 요 ?

113

비록 약속의 땅이 주어졌지만 그곳에 들어가기 위해서는 광야의 시간이 필요했다. 그러나 육을 입고 있는 우리는 이원론[43]의 한계 때문에 광야를 그리 반가워하지 않는다. 웬만해선 광야를 은혜로 여기지 못한다. 내 삶에 묻은 애굽과 내가 가야 할 가나안의 간격만큼 광야가 필요한데도 말이다. 광야를 거치지 않으면 아무리 가나안이 주워줘도 우리는 그곳을 결코 가나안으로 인식하지

---

43) 개인적인 생각, 경험, 잣대, 설정 등의 기준으로부터 좋고 나쁨의 경계가 정해져 있다. 가령, 야곱이 이스라엘로 성화되기 위해서는 라반이라고 하는 '삶의 가시'가 필연이었지만 야곱에게는 그와의 관계가 고난이었고 그런 그를 당연히 '나쁘다'고 보았을 것이다. 신실하신 주님의 섭리로 들어온 사건도 나에게 불편하면 '나쁘다'고 규정한다. 이처럼 제한된 내 시야에서 '좋고, 나쁨'을 나누는 성질을 말한다.

못하기 때문에 아버지이신 하나님은 부득불 우리를 광야로 인도하신다.

이스라엘 12지파의 대표로 12명이 광야에서 가나안으로 정탐을 떠난다. 정탐을 마친 이들의 흥미로운 보고가 뒤따른다. 2명만이 긍정적 보고를 하고 나머지 10명은 부정적 보고를 한다. "그 땅은 젖과 꿀이 흐르는 곳이라"는 시야와 "우리는 그들에 비하면 메뚜기라 거기에 들어가면 우리는 죽는다"는 시야의 차이는 과연 어디에서 비롯되었을까? 그들이 본 곳은 동일한데 그 곳에 대한 해석은 너무나 상반되었다. 아무리 가나안이 하나님께서 약속하신 땅이었을지라도 12명 중의 무려 10명은 그곳을 복된 곳으로 받지 못했다. 이는 우리에게 시사하는 바가 크다.

아무리 가나안을 주어도 가나안을 못 보고, 아무리 예수를 주어도 예수를 못 보고, 아무리 천국을 주어도 천국을 못 본다면 무슨 의미가 있겠는가? 하나님은 메시아를 보내 주셨지만 이스라엘은 그 비밀을 못 보고 결국 예수님을 죽였다. 하나님은 우리에게 이미 하나님의 나라를 주셨지만 광야를 잘 거치지 않으면 그 나라를 살 수 없게 된다. 즉 우리의 연약 때문에 광야를 거치지 않고서는 결코 가나안도 없다. 이것이 광야의 신비이고 광야의 축복이다.

우리가 누리는 행복의 요건은 소유에 있지 않고 내면에 있다. 즉 가나안은 내면을 통해 먼저 열려야지 환경을 통해 먼저 열리면 인간의 이원성은 아무리 가나안에 들어간다고 해도 또 다른 가나안을 요구하게 된다. 사실 전 세계적으로 행복지수가 높은 나라들은 아이러니하게 선진국이나 부유국이 아니라 가장 가난한 나라 중에서 포진되어 있다. 바울이 복음 안에서 받은 복은 '돈의 풍성'이 아니라 풍부에도 처하고 가난에도 처할 줄 알아 '모든 것에 자족하는 능력'이었다.[44] 이것이 가나안의 삶이요 성숙의 삶이다. 즉 우리가 하나님께 구하여야 하는 그리스도의 능력은 '부의 축적'이 아닌 '누림의 능력'이다. 환경에 지배를 받는 삶에서 환경을 지배하는 삶으로의 전환이다.

기근이 있으면 그 기근 속에 있는 하나님의 섭리를 믿음으로 받아들일 때에 비로소 얻는 것이 있다. 이것은 결코 풍요의 환경에만 있어서는 경험할 수 없는 일이기에 기근을 맞이해야만 얻을 수 있는 축복인 것이다. 미지(未知)의 하나님을 만나는 일이란 현실세계에서 상실의 두려움과 맞닥뜨려야 하는 고난을 수반하지만 엄청난 성장을 보너스로 받는 기쁨이 있다. 또한 기근 속에서 나를 채우시는 하나님의 공급을 경험할 때에 맛보는 은혜가 있다. 그런데 그 기근이 무조건 나쁘다고 규정하여 자신이 딛고 있는 현실을 부정하고 불평하면서 자신이 생각하고 있는 환상 속의 가나안만 기다리고 있으면 정작 하나님이 주신 가나안이 와도 그곳을 가나안으로 맞지 못한다.

교 회 에
열 심 히
다니는데도
왜 삶 에
어 려 움 이
많 지 요 ?
.
115

---

44) 빌4:11~13

부유한 집안에서 태어나 어려서부터 갖고 싶은 것은 다 갖고, 하고 싶은 것은 다 하고 살아온 사람이 있다면 아마도 모두의 부러움을 받을 것이다. 그러나 우리가 여기에서 한 가지 간과하는 사실 하나가 있다. 소위 광야를 한 번도 거치지 않은 부류의 사람은 광야에서 부는 바람과 먼지에 면역력이 없어 조그마한 시련의 침투에도 쉽사리 데미지를 입는다. 실례로 부족함이 없이 다 가졌던 어느 재벌가의 자제는 조그만 시련(일반 사람들에게는 다반사인 일)을 견디지 못하고 자살을 했다. 어려서부터 위생을 철저히 한 사람보다 오히려 땅에 떨어진 음식도 집어 '훌훌 털어' 먹은 사람이 탈이 덜 나는 이유는 열악한 환경 속에서 자생된 면역력 때문이다. 광야의 환경은 우리로 믿음의 면역력을 키워준다.

하나님의 나라는 두 가지 개념을 포함한다. 통치적 개념과 공간적 개념으로 나눈다. 통치적 개념을 분실하면 천국은 나중에 입관 예배나 드리고 들어가는 종교적 특수 공간으로 그 의미가 축소된다. 공간적 개념으로만 천국을 이해하면 요단강 건너서의 이야기인 여호수아서는 우리 삶과 관련 없는 성경이 된다. 하나님 나라의 개념을 잘 나타낸 책이 'Already but not yet'이다. 즉 그 나라는 역사의 종말과 동시에 주님의 재림으로 완성되는 '아직의 왕국'과 성령의 통치로 이미 우리 내면에 임하는 평강의 나라인 '이미의 나라'의 속성 둘 모두를 가지고 있다.

'아직의 왕국'에서 보면 우리 삶은 전체가 광야이지만 '이미의 나라'에서 보면 광야의 연단은 그 나라의 임재를 만끽하기 위한 한 과정이다. 어떤 형태가 되었든 하나님의 나라를 맞이하기 위한 필수 과정이 광야인 셈이다. 이곳에서의 과정이 가나안 입성을 위한 비자를 결정한다. 12명의 정탐꾼 중에 2명만이 이곳의 비자를 받았다. 그들은 광야의 훈련 덕에 눈에 보이는 현실만 본 것이 아니라 그 현실 너머에 있는 주님의 섭리와 약속을 볼 수 있었고 나머지 열 명은 눈에 보이는 세계만 본 것이다.

광야훈련의 핵심은 보이는 세계 이면에 있는 보이지 않는 세계를 보는 것에 있다. 보이지 않는 분을 보는 것처럼 사는 것이 광야훈련의 핵심 요소다. 광야에는 황량한 사막만 있을 뿐 먹을 것도 입을 것도 없다. 농사를 지을 수도 없고 당연히 마트 같은 것도 없다. 이곳에서 생존하기 위해서는 오직 주님만 바라보아야 한다. 하늘에서 만나와 메추라기가 내렸고 구름기둥과 불기둥이 이스라엘을 인도했다. 그들이 할 수 있는 일이란 주님이 계신 곳을 쳐다보고 그분의 구원을 기다리는 것뿐이었다. 위를 향해 그분을 바라보는 '주바라기 훈련'의 장소가 바로 광야였던 것이다.

이 광야의 시간을 충만하게 채운 사람만이 가나안에서도 현실만 아니라 그 너머에 계신 그리스도를 바라볼 수 있었다. 광야에서 주바라기 훈련이 되어야 가나안에서도 주바라기가 된다. 현실 너머에 계신 그분을 보고 그분 안에 있는 약속을 바라보고 그 약속으로 말미암은 섭리를 보는 힘이 광야에서 생기는 것이다. 주님이 주신 광야는 고생하기 위한 곳이 아니라 가나안을 열기 위한 과정으로 주신 곳이다. 만일에 당신이 지금 힘들어하고 있다면 그 현실은 '이미의 나라'를 성령으로 활짝 열어주시기 위한 과정 중에 있다는 증거이다. 관점을 조금만 바꾸어 내가 당한 기근을 고난이 아닌 주님의 선물인 광야로 인식하며 그 광야를 한 번 누려보기를 바란다.

## † 우리 각자가 만나는 광야의 환경은 내 우상청결과 관련이 있다.
### – 광야 졸업장 취득을 위한 수강신청

하나님께서 주시는 기근에는 다 목적이 있고 방향이 있다. 우리가 맞는 기근은 크게 3가지 유형으로 물질의 기근, 관계의 기근, 건강의 기근이 있다. 애굽의 구정물이 아직 덜 빠진 만큼 우리는 하나님의 자리에 이 세 가지 중에 하나를 대입하여 그것을 의지하며 살아간다. 크리스천이 되면 장롱에 불상을 넣거나 지갑에 달마 부적을 넣고 다니지는 않는다. 그러나 크리스천이 되었다고 하더라도 하나둘쯤은 심적으로 하나님보다 더 의지하거나 더 사랑하는 것이 남아 있다. 크리스천에게 우상은 신앙과 관련되어 있는 것 중에서 나온다. 오래 묵은 신앙인일수록 우상은 대개 '설마'에서 나온다. 그것이 우상이라고 상상치 못하는 것들 가운데 많이 들어 있다.

사단은 우리가 가진 신앙의 목적과 수단을 교묘하게 뒤바꾸어 놓는다. 기도, 선교, 목회, 찬양 등은 주님께 나아가는 도구이지 목적이 될 수 없다. 신앙의 연수가 많아지게 되면 이러한 도구가 은연중에 목적이 되어 하나님의 자리를 꿰차고 그 속에 들어가 있는 경우를 종종 본다. 마치 유대인들이 율법을 하나님 자리에 넣고 그것을 숭배한 것처럼 말이다. 자신이 설립한 교회나 선교단체를 예수님보다 더 사랑하거나 더 중요하게 여기는 사역자들을 종종 본다. 신앙이 그만 이념이 되어 믿음이 이데올로기화된 것이다. 이러한 형태의 에베소 교회[45]는 성경에만 있지 않다.

우리가 보편적으로 범하는 우상의 문제는 돈, 사람, 자기 자신을 통해 드러난다. 자본주의 사회에서 돈이 주는 힘과 권력은 어마어마하다. 예수님께서 말씀하신 맘몬에는 신(神)적 힘이 들어 있다.[46] 오늘날도 겉으로는 하나님을 섬기지만 황금 송아지를 섬기는 이들로 교회는 항상 북적인다. 그래서 광야는 예외 없이 모두에게 필요한 곳이다. 황금 송아지 신드롬으로부터 마음의 할례를 하기까지 주님은 자신의 자녀들에게 경제적 기근을 보내신다.[47] 연약한 우리는 하나님께서 권(權)을 위임하신 사람 속에서 그 주

교 회 에
열 심 히
다 니 는 데 도
왜 삶 에
어 려 움 이
많 지 요 ?
·
119

---

45) 계2:1~7

46) 마6:24, "하나님과 재물을 겸하여 섬기지 못하느니라"

47) 창12:4, 9, 10

님의 권을 섬기기보다 그 권을 가진 사람의 인성을 섬기기 쉽다. 사람을 의지하는 순간 인간은 우상이 되고 올무가 된다.

사람에게 주신 "하나님의 권을 섬기느냐? 권을 가진 사람을 섬기느냐?"는 것은 말처럼 분별이 쉬운 일이 아니다. 주님보다 사람을 더 신뢰하거나 더 의지하면 주님은 그 사람을 통해 상처와 실망을 일으키신다. 마지막으로 자기 자신을 믿고 의지하는 일이다. 사단이 아담을 속인 것은 아담 스스로 하나님 자리에 들어가도록 한 일이었다. 자기가 하나님이 되어 살아가는 이들로 하여금 그 자리에서 내려오게 하기 위해서 주님은 사방팔방 그의 길을 막으시며 실패라고 하는 육체에 쓰디쓴 약을 먹이신다. 은연중에 "I am somebody"의 포스를 뿜어대며 자기 잘난 맛으로 살던 이가 "I am nobody"라는 고백을 하기까지 광야 유학을 떠나게 된다.

아담의 후예답게 우리는 시도 때도 없이 선악과를 물고 네피림[48] 자리에 들어간다. 그런 우리를 구원하시는 주님의 방법이 인생의 쓰디쓴 가시덤불과 엉겅퀴이다. 용사(勇士)의 옷을 입고 제 스스로 하나님이 되어 살아갔던 야곱은 얍복강에서 환도뼈가 위골되어서야 그 자리를 원주인이신 하나님께 내어드리고 평생을 절뚝거리게 된다.[49] 그를 변화의 자리인 압복강으로 내몬 것은 라반과

크리스천
딜 레 마
·
120

---

48) 창6:4
49) 창32:24~25

에서라는 관계의 가시덤불이었다. 사라는 '백마 탄 왕자'의 허울로 자기를 찾아온 남자를 하늘 같이 믿고 의지했다가 그만 외간 남자들에게 팔리는 수모를 당한다. 그제서야 그녀는 자신이 믿고 의지할 남편이 이 사람이 아니라 여호와이심을 깨닫는다. 아브라함의 조카 롯은 돈을 좇아 소돔과 고모라를 향했다가 멸망의 굴에 갇히고 말았다.

우리가 신앙의 여정에서 맞이하는 기근은 보통 우리가 빠져 있거나 혹 빠지기 쉬운 우상과 관련이 있다. 주님은 자신이 사랑하는 사람이 자신보다 돈(맘몬)을 더 의지하거나 그럴 여지가 많은 경우에 그 백신으로 물질적 기근을 주신다. 사람의 한쪽 면만 보고 누군가를 너무 의지하는 경우에 하나님은 가려져 있던 그의 다른 한쪽도 '찐'하게 보여주신다. 우상(Idol)의 추락을 목도하며 잠시나마 그 우상(Hero)을 추앙하며 의존하였던 이는 드디어 깨닫는다. 사람은 의지할 대상이 아니라 그저 사랑할 대상임을 말이다. 자기 힘을 믿는 사람은 주께서 도우시지 않으면 파수꾼의 수고가 허사(虛事)인 것을 뼈저리도록 깨닫게 만드신다. 이내 영웅주의에 빠졌던 그는 "I am special"에서 이내 "I am nothing"라는 겸손의 고백을 하기에 이른다. 이 모든 것이 광야의 유익이다.

자식은 부모의 청춘(靑春)을 먹고 자라고 요새 자동차 회사는 연비를 먹고 성장한다면 하나님의 자녀는 광야에서 기근을 먹고 성장한다. 그러니 비록 우리 육의 인식작용이 그토록 광야를 싫어하

교 회 에
열 심 히
다니는데도
왜 삶 에
어 려 움 이
많 지 요 ?

121

고 심지어 두려워하기까지 하지만 영의 인식작용으로 보면 이처럼 유익한 보약도 없다. 바울은 자신이 가진 건강의 기근 속에서 그것을 거두어 달라고 3번이나 간절히 기도했지만 그가 받은 응답은 '건강의 회복'이 아니라 그 기근에 대한 '인식의 변화'였다. 그 기근 속에서 자신이 영적으로 강해진다는 깨달음을 얻는다.[50] 바울이 어떤 사람인가? 천국 문에 들어갔다 나왔고 거기에서 예수님의 땀구멍(?)까지 3D로 보고 나온 사람이 아닌가? 그런 그의 스펙을 보면 교만해지지 않으려야 않을 수 없는 사람이었다. 그런 그가 주님의 자리에 조금이라도 들어갈 참이면 그에게 있던 몸의 가시는 작동되었다. 그는 우리와는 달리 영웅주의 환각에 빠진 사람이 아니라 실제로 교회사에 있어 영웅이었다. 그런 그가 자고해지는 것은 어쩌면 당연한 일이었다. 그런 그에게 주님이 주신 마이신 주사가 몸의 기근이었던 것이다.

우리나라에서 입지전적인 사역을 하셨던 어떤 목사님은 생전에 육체에 각종 질병을 달고 사셨다. 자고하지 않게 하기 위해서 주님이 그에게 주신 선물 역시 육체의 기근이었다. 그분은 생전에 이런 고백을 하였다. 자신이 조금이라도 성령님보다 앞서 가다 정신을 차리고 보면 어느새 수술대 위에 있었다고. 그는 걸어 다니는 종합병원이라는 별명을 얻을 만큼 신체의 기근 속에 있었다. 이처럼 인생의 광야에서 맞는 기근은 징벌이 아니라 하나님의 간

---

50) 고후12:9 10

섭이며 사랑이다.

.

"주께서 사랑하시는 자마다

징계하시고 그의 받으시는 아들마다 채찍질하심이라.

너희가 참음은 징계를 받기 위함이라

하나님이 아들과 같이 너희를 대우하시나니

어찌 아비가 징계하지 않는 아들이 있으리요.

징계는 다 받는 것이거늘

너희에게 (징계가) 없으면 사생자요 참 아들이 아니니라"

(히12:6~8)

.

교 회 에
열 심 히
다니는데도
왜 삶 에
어 려 움 이
많 지 요 ?

.

123

성경은 분명히 밝히고 있다. 주께서 사랑하는 자녀에게는 채찍을
주시고 그렇지 않은 경우에는 유기(遺棄)를 준다고 말이다. 여기
에 쓰인 '채찍'의 뜻은 '양육이 담긴 훈련'이다. 기업을 물려받을
후사가 아직 어려 성숙하지 않으면 그의 아비는 자기 아들에게 훈
련할 교사를 둔다. 몽학선생[51]으로 불리는 이 훈련 트레이너는 그
가 온전해질 때까지 스파르타로 그를 다룬다. 그러나 그가 장성하
여 그 아비의 기업을 물려받아도 부족함이 없을 정도로 성장하면
이 몽학선생은 물러나고 그 밑에 있던 아들은 비로소 자유로운 기

_____

51) 갈4:1~2

업주가 되는 것이다.[52] 그 전까지는 몽학선생의 지도 아래에서 채찍과 훈계를 받는다. 우리가 인생 여정에서 맞는 각종 기근은 일종의 보이지 않는, 주가 보내신 몽학선생의 손길이다. 그러나 광야의 여정에서 출애굽의 석양을 바라볼 즈음엔 '이미의 나라'가 주는 자족함의 풍성과 자유함을 장착하게 된다.[53]

모세의 비유에 보면 광야의 성도는 마치 어미 독수리에게 연단을 받은 새끼 독수리와 같다.[54] 새끼 독수리가 날갯짓을 하기까지 몇 천 미터 상공에서 어미의 품으로부터 패댁이 쳐지는 버림(?)을 받는다. 어미 독수리는 추락하는 새끼를 날개로 받아 다시 올라가 다시 내던진다. "나 죽는다 나 죽는다"를 반복하던 새끼 독수리는 이내 날갯짓을 펴며 상공을 가른다. 광야에서 기근을 만날 때마다 "아버지 나 죽소"를 반복하다가 가나안을 향하는 믿음의 날갯짓을 배운다. 광야의 차디찬 얼음이 녹으면 곧 따뜻한 가나안의 봄바람을 맞을 것이다. 그러나 광야에서 춥고 배고플 때엔 달리 방법이 없다. 우리의 시선을 위로 향하여 우리를 온전케 하시는 그리스도를 바라보는 수밖에 없다. 더 이상 불평하며 괜스레 두리번거리지 말고 어이 서둘러라. 광야의 수강신청을.

---

52) 갈3:25, 4:7

53) 히12:10~11

54) 신32:11

# † 하나님의 꿈과 내 꿈이 하나가 되다
## - 성화와 성공 간의 거리

이왕이면 예수 믿고 세상에서 잘 되어 떵떵거리고 간증거리도 많아지면 얼마나 좋겠냐마는 광야 한복판을 지나고 있는 이들에게 성공은 먼 나라 이야기만 같다. 기근에 내성이 생겨 광야생활이 길어지면 가나안의 꿈은 점점 잊혀져가고 임마누엘이 아니라 머피누엘(머피의 법칙)이 함께 하는 삶이 되는 것 같다. 이쯤 되면 사람 만나는 것도 싫어진다. "요새 아들은 뭐해?", "손녀딸 시험은 어떻게 봤대?", "딸내미 아직 시집 안 갔어?", "아직 좋은 소식 없어?" 등등 동창회나 경조사에 갔다가 오랜만에 만난 지인들에게 듣는 눈치 없고 뻔한 질문은 의례 스트레스가 되어 돌아온다. 사람들에게 빨리 가나안 정복 스토리를 들려주고 싶은데 아직도 광야생활이 아득하니 대인기피증에 걸리는 것도 당연하다. 이쯤 되면 축도 끝나기 무섭게 예배당 빠져나가는 썬데이 크리스천들처럼 광야인은 안 갈 수 없는 모임이나 행사에는 '바람과 함께 사라지다'를 실행한다.

창세기 아브라함의 기사에서 가장 감동이 되는 것 중의 하나가 바로 소돔 성(城)을 향해 기도하는 부분이다. 당시 도시(city)로서의 성의 기능은 오늘날 한 국가 이상이었는데 소돔 전체를 자신의 마음에 담아 하나님과 씨름할 만큼 아브라함에게 사랑의 크기가 성장한 것이다. 그런 그를 향한 주님의 고백을 들어보자.

교 회 에
열 심 히
다니는데도
왜 삶 에
어려움이
많 지 요 ?
.
125

"여호와께서 가라사대 나의 하려는 것을
아브라함에게 숨기겠느냐?"
(창18:17)

하나님께서 이제 자신의 마음을 나눌 수 있을 만큼 부쩍 자란 아브라함의 폭발 성장에 대해 뿌듯해하시는 부분이다. 어느덧 성숙해진 아들에 대한 자부심으로 가득 차 있는 아버지의 마음을 느낄 수 있다. 창세기 18장에 이르러 이 아름다운 하나님의 고백이 나오기까지 하나님이 하신 수고와 아브라함이 받았던 고난은 성경 구절구절 사이에 절절히 담겨 있다. 성경 속 아브라함의 기사에서 그가 훑고 지나간 광야의 여정은 마치 기근 훈련으로 인해 항상 삐거덕거리는 우리네 모습처럼 눈물겹다. 교통편도 그리 발달하지 않았던 고대에 이민을 실행하며 맞이했던 상실에 대한 두려움, 경제적 부담, 자신이 책임져야 할 아내에 대한 배반, 친자식과 다름없던 생질 롯과 빚었던 관계의 기근, 자신의 생명보다 귀한 아들을 제물로 바쳐야만 했던 사연, 이스마엘과 이삭 그리고 하갈과 사래를 사이에 두고 겪는 가정불화 등 소돔의 선교사로 그리고 더 나아가 믿음의 아버지로 세워지기까지 그는 숱한 연단 속에서 성화의 열매를 맺어간다.

하나님께서 아브라함에게 주셨던 명령은 '할라크–가라'였다. 그런데 이 동사에 대한 성경 저자의 표현은 매우 흥미롭다. 그가 하나님께서 지시한 땅을 향해 서 있었을 때엔 '알라-올라가다'는 용어를 사용하였고, 반대로 믿음의 궤도에서 벗어났을 땐 '야라드-내려가다'는 단어를 각각 사용하였다. 연약한 아브라함은 주어진 환경에 대해 쉬지 않고 내려갔고, 주님은 그러한 아브라함을 끊임없이 '올라가게' 하셨다. 이와 같은 '알라'와 '야라드'의 오르락내리락 그래프 속에서 '어제보다 나은 실패'를 해가며 그는 성화가 되어 간 것이다.

우리를 향한 하나님의 꿈은 한 치의 흔들림도 없이 항상 명확하시다. 우리가 그리스도의 분량에 이르기까지 자라나고 성화되는 것이다. 우리가 이러한 여정 속에서 물질이나 관계나 자기 자신이 혹 성화에 걸림돌이 되면 전능하신 주님은 성화를 위해 거기에 맞는 선물(?)을 주신다. 그러나 잊지 말라. 고난을 향한 주님의 섭리는 기근 자체가 아니라 그러한 기근을 통해 변화될 당신의 '성장'에 있다는 사실을 말이다. 아브라함도 하나님의 뜻으로 자신을 채우는 인격이 되기까지 우리가 고난이라고 부르는 기근과 맞서야 했다. 인간의 자기중심성이 고집에라도 담겨 환도뼈가 여간 세지 않으면 주님은 두세 개가 합쳐진 기근이나 또는 장기간의 기근을 주실 수밖에 없다.

아무리 신앙심이 깊은 사람이더라도 땅에서 육을 입고 있는 한 이원성으로 인해 풍요로운 삶으로부터 완전히 자유로운 이는 없다.

교회에
열심히
다니는데도
왜 삶에
어려움이
많지요?
·
127

즉 인간의 육성은 누구나 세상에서의 안정과 그것을 보장하는 성공을 갈망한다. 그러나 우리를 인도하시는 분께는 우리의 성화가 최우선이다. 그렇기에 우리는 주님이 원하시는 성화와 인간이 바라는 성공 사이를 고민으로 오가며 수많은 밤을 지새운다. 이 둘 간의 거리에 놓인 괴리를 우리는 흔히 고난이라고 부른다.

비록 성화 조준에 한 치의 오차도 없는 분이시지만 주님의 긍휼하심은 인간이 가진 육신의 리얼리티를 체휼해 주시기 때문에 우리의 실력과 인품에 넘치는 성공을 주신다. 비록 잃어버린 에덴의 아득한 기억으로 인해 성도들은 안정적 삶의 확보를 신앙의 최우선 순위로 삼을 때가 많지만 신의 성품에 참예한 그들의 신앙인격은 이내 주님의 뜻을 향해 헌신을 경주한다. 성화와 성공, 이 둘 중에 하나가 분실되어 너무 한 쪽으로만 치우치면 이 모두 덕이 되지 않는다. 따라서 우리는 하나님의 영광을 위해서라도 이 둘 모두를 구해야 한다.[55]

성도는 주님의 섭리 안에서 아버지의 꿈과 자신의 꿈 사이를 오가며 신앙의 경주를 한다. 이 둘이 연합되어 아버지의 꿈이 곧 내 꿈이 되고 내 비전이 곧 하나님의 비전이 되는 삶이 바로 가나안의 삶의 목표이다. 광야에서 성화와 성공의 괴리로 힘들어했다면 가나안의 정복은 이 둘이 나누어지지 않는 삶에 있다. 광야에선 만

---

55) 요17:1, 4, 5

나를 주가 주시는 분량만큼만 가졌지만 가나안에서는 그 땅의 열매를 임의로 가질 수 있었다. 가나안의 방식은 광야에 비해 놀라운 진보가 있는 곳이지만 하나님의 시야를 덧입지 않고서는 그 땅에 들어갈 수도 없었고 그것을 정복할 수도 없었다. 내 생각이 점점 더 성령 하나님의 생각과 일치되고 주님의 마음으로 내 삶을 가득 채워 주의 뜻이 곧 내 계획이 되는 삶이 바로 가나안 정복의 삶인 것이다. 이것은 선악과 스캔들 이전의 에덴의 모습이었으며 우리가 누려야 할 하나님 나라의 모습이기도 하다.

아버지와 자신이 곧 하나이심을 보여주신 예수님을 닮아가는 길이 제자도이며 성숙의 자화상이다. 성공은 세속적인 것이며 성화만이 거룩하고 선하다는 자세는 가나안이 아직 열리지 않은 광야인의 것이다. 성공을 지향할 필요도 없지만 그렇다고 그것을 굳이 손사래 치며 부정하는 것도 성숙하지 못한 자세이다. 가나안과 광야의 두 주소지를 두고 우리는 어디로 전입신고를 해야 할지 매일 삶으로 고민을 한다. 이 땅 위에서 우리가 맞이하는 성화의 길은 광야에서 점차 가나안으로 우리 삶의 주소지를 옮겨가는 일이다.

.

내 뜻대로 잘 안 되면 안달이 나는 곳,
내게 있는 기근과 네게 있는 풍요가 비교되어 불행하다고 우울해지는 곳,

교 회 에
열 심 히
다니는데도
왜 삶 에
어 려 움 이
많 지 요 ?

.

129

먹을 만큼의 만나로 만족 못하고

혹시 모를 내일의 상실의 두려움으로 염려하는 곳,

틈만 나면 사소한 일로 "엘리엘리 라마 사박다니"의 방언기도를

하는 곳,

하나님의 이름으로 황금 송아지를 숭배하다 IMF를 맞이하는 곳,

화장빨의 용사를 교주 삼아 그에게 줄서기를 하다

그의 벌거벗은 모습을 보고 시험에 드는 곳,

왕이 되기 위해 선악과를 따다가 가시덤불과 엉겅퀴에 찔려 쓰라

려하는 곳,

성공은 속되다고 멀리하며 거룩한 척 위선 떨다 기근에 한(恨)이

맺히는 곳,

벌써 이스라엘이 된 것처럼 뻐기다가 관계에 쫓겨 압복강으로 내

몰리는 곳,

성화와 성공의 사이의 간격이 큰 곳,


이곳에서 우리는 광야를 만난다.

그리고 그곳에서

주님이 주신 기근에 담겨 성숙의 묵은지로 발효된다.


내 생각이 점점 성령님의 생각으로 채워져 가는 곳,

아버지 마음의 와이파이가 내 마음에 열려 그분 뜻으로 언제나 클

릭되는 곳,

할라크(go)의 명령을 따라 아버지 마음이 있는 곳으로 올라가는 삶,

하나님이 주신 사명을 마음에 가득 채우는 삶,

하나님께서 자신의 마음을 나눌 수 있는 사람으로 세워지는 곳,

성숙의 지평이 열리는 곳,

하나님의 꿈과 내 꿈의 경계가 허물어지는 곳,

나는 없고 내 안의 그리스도가 사시는 곳,

내가 예수인지 예수가 나인지 구별이 없어지는 곳,

하나님 마음에 합한 자로 세워지는 곳,


이곳에서 가나안 정복을 경험한다.

그리고 이곳에서

이원론의 경계가 허물어진 새 에덴을 맞이한다.


– 나의 두 주소지, 광야와 가나안

·

교 회 에
열 심 히
다니는데도
왜 삶 에
어 려 움 이
많 지 요 ?

·

131

세상에서의 성공은 속된 것이고 성화만이 거룩한 일이라고 치부하는 것도 이분법적 사고일 뿐이다. 성공과 성화 간의 거리(distance)가 점점 좁혀져 이 둘이 하나가 되는 삶이 곧 가나안 정복의 테마다. 성화의 거리(street)에서 만난 삶의 실적(實績) 그대로를 '세상에서의 성공'으로 수용할 수 있는 영성은 성숙의 또 다른 열매이다. 이와 똑같은 좌표로서 성공의 거리에서 해후한 내 영적 실존이 천국에 갖고 들어갈 '영원한 모습'이라고 기쁘게 받

아들일 수 있다면 이는 가나안을 정복한 신앙이다.[56] 이처럼 성숙의 삶은 이원적 한계를 극복해간다. 이는 선악과 사건 이전인 에덴으로의 회귀이기도 하다. 성공이란 자리에서 되돌아본 자신의 영적 실존에 감사하고 성화라는 자리에서 만난 삶의 여건에 만족하는 삶이 진정한 성숙의 열매이다. 영적성숙이란 추상적인 형태만을 띠지 않는다. 성숙의 삶은 내면의 상태를 여과 없이 생활의 리얼리티로 출력한다. 성숙의 뜰에서 하나가 된 성화와 성공의 모습은 그 삶의 당사자로 하여금 가나안의 기쁨을 맛보게 한다.

성령의 인식 안에서 하나님과 하나 됨을 경험하면 각자가 가야할 십자가의 길이 험난하기만 한 고난의 길이 아닌 기쁨의 길이요 감사의 길이 된다. 그 은혜의 길 위에서 우리의 마음은 점점 그리스도의 마음으로 채워지게 된다. 이것이 가나안을 정복해가는 삶의 축복이다.

·

"내가 이새의 아들 다윗을 만나니
내 마음에 합한 사람이라"

(행13:22)

·

---

56) 성공의 자리에서 만난 영적 실존에 실망하거나 성화의 현주소에서 갖는 삶의 여건에 대해 만족하지 못한다면 이는 아직 가나안에 입성하지 못한 삶의 표징이다.

하나님께서 참으로 사랑했던 이가 다윗이다. 다윗에 대한 "내 마음에 합하다"는 주님의 인정은 우리의 부러움을 사기에 충분하다. 이 구절은 우리말의 뉘앙스처럼 "쟤는 딱 내 스타일이야"라는 의미이기보다 "쟤 마음과 내 마음은 하나야"는 의미에 가깝다. 원문을 직역하면 "다윗의 마음은 내 마음에 와 있다"이다. 하나님의 나라가 종말로 진행하기 위한 다윗 당시의 시대적 당위성은 통일 이스라엘에 있었다. 그러한 하나님의 뜻으로 자신의 마음을 채워 그 길을 걸어(할라크, 알라)간 다윗에 대한 하나님의 칭찬인 것이다. 다윗 신앙의 위대함은 아브라함처럼 하나님의 마음으로 자신을 가득 채워 "내 뜻대로 마옵시고 아버지의 뜻대로 하옵소서"의 신앙을 주행한 것에 있다. 아버지 눈이 있는 곳에 내 눈이 가 있고, 아버지의 긍휼이 있는 곳에 내 눈물이 있고, 아버지 원하는 곳에 내 발이 가 있는 삶이 바로 약속의 땅을 정복한 삶이다.

우리를 향한 더 큰 주님의 꿈은 성공을 배제한 성화가 아니라 그분과 우리의 연합에 있다. 주님은 우리의 성공을 배 아파하시거나 능이 없어 못 주시는 분도 아니시다. 우리에게 성화와 성공이 다른 것이 아니라 하나이시길 바라신다. 주님의 꿈이 곧 내 개인의 꿈이 되어 주님 마음에 합한 사람으로 세워져 가기를 소망한다. 내 뜻이 아직도 안 이루어져 괴로워하는 광야의 유학을 빨리 마치고 주님이 주신 그 땅을 밟고 아버지 뜻을 향해 전진하자. 굉장히 은혜로운 이 찬양으로 본과를 마무리하고자 한다. 직접 불러보거나 찬양 음원을 들어보는 것도 좋은 방법이라 여겨진다.

교 회 에
열 심 히
다니는데도
왜 삶 에
어 려 움 이
많 지 요 ?
·
133

．

하나님 아버지의 마음

아버지 당신의 마음이 있는 곳에
나의 마음이 있기를 원해요
아버지 당신의 눈물이 고인 곳에
나의 눈물이 고이길 원해요
아버지 당신이 바라보는 영혼에게
나의 두 눈이 향하길 원해요
아버지 당신이 울고 있는 어두운 땅에
나의 두 발이 향하길 원해요
나의 마음이 아버지의 마음 알아
내 모든 뜻 아버지의 뜻이 될 수 있기를
나의 온몸이 아버지의 마음 알아
내 모든 삶 당신의 삶 되기를×2

나의 마음이 아버지의 마음 알아
내 모든 뜻 아버지의 뜻이 될 수 있기를
나의 온 몸이 아버지의 마음 알아
내 모든 삶 당신의 삶 되기를

내 모든 삶 당신의 삶 되기를

．

## 잠시 쉬어가기

### ::: 교회에 열심히 다니는데도 왜 삶에 어려움이 많지요?

교회에 오면 세상에서 얻을 수 없는 것들을 얻게 된다.
그중엔 사람들이 기대하는 평안, 기쁨, 감사와 같은 것들도 있지만
우리의 인식작용이 불편해하는 것들도 있다.
'성화의 길'에서 반드시 거쳐야 하는 '옛사람의 옷 벗기'가 그 대표
적인 것이다.

성화의 여정에서 누구나 거쳐야 하는 곳이 광야다.
광야를 지나다 보면 나 홀로 세상에 버려진 것처럼 느껴질 때가 많다.
나만 힘들고 남들은 다 잘 사는 것처럼 보인다.
그러나 실상은 그렇지 않다.

성경에 나오는 신앙 선배들이 걸어간 광야 길을 들여다보면
예외 없이 '눈물에 젖은 빵'이 나온다.
히브리인들의 사고에서 위대함은 연단의 깊이에서 나온다.

광야의 깊이만큼 성화의 신비는 당신 삶을 거룩함으로 이끌 것이다.

교회를 열심히 다니지 않으면 얻을 수 없는
놀라운 하늘의 선물이 있기 때문에
헌신하는 성도의 삶에는 나름의 어려움이 뒤따른다.
그 고난을 머금고 꽃피울 삶의 열매를 위해서.

# 5과

·

# 이놈의 직장, 확 때려치우고 싶어요!

‖ 일상과 환상 중에 내가 살고 있는 곳은 어디인가? ‖

·

† 우리 대부분은 '내일, 거기'를 살고 있다.
  – 현실을 떠나서 들어간 환상의 세계

† 환경이 아니라 내가 바뀌어야 새로워진다.
  – 변화의 뇌관

† '오늘, 여기'에 천국이 임재하면 일상의 기쁨이 분출된다.
  – 일상에 피어나는 만족감

† 최고의 선택은 좀 더 좋은 것을 선택하는 것이 아니라 좋아서
  선택한 것 그것을 사랑하며 책임지는 것에 달려있다.
  – 완전한 선택이 아닌 선택한 것에 대한 집중

·

# 5과

## 이놈의 직장, 확 때려치우고 싶어요!

‖일상과 환상 중에 내가 살고 있는 곳은 어디인가?‖

이 놈 의
직 장 ,
확 때 려
치 우 고
싶 어 요 !
·

139

## † 우리 대부분은 '내일, 거기'를 살고 있다.

### – 현실을 떠나서 들어간 환상의 세계

직책이 목사라서 상담을 하러 종종 사람들이 찾아온다. 교회에서
전임 사역을 하고 있지 않았던 때에 주로 많이 찾아왔다. 시간이
자유로운 편이었고 예전의 사역대상이 주로 청년 이하여서 그들
이 자라 주로 청년들이 찾아왔다. 신앙상담을 하러 온 직장인 대
부분의 고민은 "지금의 직장을 계속 다녀야 하나요?"에 관련된 것
이다. 더구나 그가 직딩 5년 미만의 사회 초년생이고 미혼이라면
거의 틀림이 없다. 월급쟁이로 회사에 출근하는 사람치고 마음속
에 매일 사직서를 준비해 가지 않는 사람이 어디 있겠냐마는 그래
도 자식새끼와 매달 갚아야 하는 은행 이자 생각에 어쩔 수 없이

간을 빼놓고 다니는 가장(家長)들의 입장보다는 싱글들이 '일을 저지르기'에 좀 더 자유롭기 때문일 것이다.

피상담자는 크게 두 가지 상태로 찾아온다. 이미 결심했으나 그 래도 불안한 마음에 자신의 결단에 동조해달라는 편과 도저히 사 표를 쓸 자신이 없고 아마도 자신은 회사에서 짤리기 전에는 절 대로 사표를 쓸 인물이 못 되는 것을 잘 알아 매일 흔들리는 자신 의 마음 좀 잡아달라는 편으로 나누어진다. 하나님의 뜻도 네 생 각과 같다는 말을 덧붙여 주면서 말이다. 그래서 항상 A, B 답지 둘을 준비해 나가 그 날 출제된(찾아온) 문제에 맞혀 상담 답지를 써 내려간다.

심각하게 사직 또는 이직을 생각하는 직장인들이 잘 모르는 사실 하나가 있다. 자기를 제외한 대부분의 사람들은 자신과는 달리 조 직에 잘 적응하거나 별 어려움 없이 회사를 다닐 거라고 간주하며 자신만 스트레스가 많다고 여기는 점이다. 특히나 얼마 전에 승진 한 입사 동기를 보면 사표가 더욱 간절해진다. 그러나 먹고 살기 위해서 발버둥 쳐야 하는 인간은 누구나 스트레스를 갖고 있을 뿐 아니라 자신이 처한 환경에 대체로 만족하지 못한다. 임원들은 임 원대로 스트레스가 크다. 직급과 연봉이 올라갈수록 거기에 비례 하여 책임과 감정노동의 대가도 함께 상승되는 경우가 대부분이 다. 하물며 사장님에게 물어보아라. 때만 되면 월급이 척척 나오는 월급쟁이를 부러워할 때가 얼마나 많은지를. 다 남의 떡이 크고 좋아 보이는 법이다.

사명자로서 교회를 직장으로 둔 부목사들조차 매일 사표를 고민한다는 사실을 아마도 초보 직딩들은 모를 것이다. 이건 업계의 비밀이라 혹 들었어도 못 들은 척하라. 심지어 자신이 시무하고 있는 교회를 떠나고 싶어 하는 담임 목사님도 몇 분 알고 있다. 솔로몬 뺨치는(?) 나의 지혜로운 어드바이스를 듣고도 피상담자의 표정이 밝아지지 않으면 마지막 처방으로 한마디 덧붙인다. "아마 당신 회사 사장님도 할 수만 있으면 사표를 쓰고 싶을 걸요"

영적인 연륜이 적고 어리면 자신의 문제가 항상 내부가 아닌 외부에 있다고 여겨 자신의 고민이 회사의 환경에서 왔다고 굳게 믿는다. 그러나 우리 인간은 선악과 딜레마에 빠진 뒤로는 인식에 심각한 변질이 생겨서 아무리 완전한 환경에 있다 하더라도 그 완전을 불완전으로 인식하게 되었다. 우리가 느끼는 불완전은 불완전한 환경보다 실은 불완전한 인식에서 온 것이다. 그래서 하나님의 나라인 새에덴으로 회귀해야 하는 신앙여정의 관건은 인식전환 및 인식변화에 있다.[57] 성령을 통해 인식의 성화가 일어나면 불완

---

57) 마4:17, 여기서 "회개하라"의 뜻은 '헬, 메타노에오' 즉 "인식을 바꾸라"이다. 예수님의 첫 설교가 바로 "회개하라, 천국이 가까웠다"였다. 천국은 인식변화가 일어나야 비로소 열리게 된다.

전한 환경 속에서도 만족을 누리게 되는 능력이 생긴다. 복음의 능력은 단순히 새로운 시공간에 들어가는 것에 있지 않고 먼저 우리의 인식이 하나님께 접속되어 그분의 인식 안으로 들어가는 것에 있다. 그런 후에야 시공간을 변화시키는 창조가 일어난다. 즉 존재의 인식변화가 우선되어야 한다. 이러한 충족이 없이는 암만 환경이 새로워진다고 해도 인간은 그 속에서 새로움을 누리지 못한다. 하나님이 주신 땅에 들어갔지만 이스라엘은 그곳을 천국으로 인식하지 못했다.

하나님께서 주신 복을 누리기 위해서는 먼저 '지금, 여기'에 임한 하나님의 나라로서의 일상의 의미와 가치를 볼 수 있어야 한다. 그런데 이 시야는 외부적 요소에서 유입되는 것이 아니라 우리 내면에서 발화된다. 그러므로 내가 생각하는 '좋은 직장'은 좋은 여건을 갖춘 곳에 있는 것이 아니라 지금 내가 있는 곳에 담겨진 주님의 섭리를 발견할 때에 생기는 것이다. "나를 이리로 보내신 이는 하나님이시라"는 고백을 한 요셉에게서 우리는 한 수 배운다. 그에게 감옥은 당시 세계 최강 국가의 총리가 되기 위한 섭리로 유학(?)을 간 애굽 감옥대학 정치학과[58]였던 셈이다. 그는 감옥에 가면서도 "날 왜 이런 곳으로 보내셨나요?"하기보다 불편한 상황 속에도 주님의 신실하신 섭리를 바라보았다.

---

58) 그가 갔던 감옥은 주로 정치사범들이 갔던 곳으로 초등학교도 안 나왔던 그가 애굽의 정치 실정학을 듣고 배우기에 최적의 장소였다.

"여행의 진정한 의미는 새로운 풍경을 보는 것에 있지 않고 세상 보는 안목을 키우는 것에 있다" 어느 광고 문구에서 감동 있게 본 말이다. 그래서 여행 중의 으뜸은 인생여정이란 생각이 든다. 진정한 의미의 성지순례는 지금은 다 없어지고 흔적도 거의 남아 있지 않은 성경 모니터의 배경화면으로 가는 여행보다 삶의 의미를 되새기며 각자에게 주어진 일상의 길을 묵묵히 가는 일이 아닐까 한다. 왜 우리는 풍경을 보는 성지순례보다 안목을 키우는 성지순례를 더 귀하게 여기지 못할까? 지정학적 위치에 있는 광야는 아니지만 우리는 날마다 삶의 광야를 지나고 있다. 세기적인 희극인인 찰리 채플린은 이런 말을 했다. "Life is a comedy when seen in long-shot, but it becomes a tragedy in closed up" 삶의 희극과 비극 사이를 오가면서 늘어가는 주름만큼 인생은 연륜을 쌓아간다.[59] 연륜이 백발에 묻어 그의 말에 힘이 붙는 건 안목 때문이다.

광야 여정으로 인해 발효되는 믿음의 안목은 애굽이나 광야나 약속의 땅이나 그 겉모습은 사실 별반 다를 게 없으나 그 속에 담긴 하나님의 약속을 담지해 그곳을 가나안으로 인식하게 한다. 모두 땅(세상)에 위치한 애굽, 광야, 가나안의 차이는 우리의 인식에서 나온다.[60] 그렇다! 약속의 땅은 오직 믿음의 시야, 은혜의 렌즈로

이 놈 의
직 장 ,
확 때 려
치 우 고
싶 어 요 !

143

59) 잠16:31, 노인들이 가진 삶에 대한 통찰과 안목은 백발의 선물이다.
60) 구약에 나오는 애굽, 광야, 가나안으로의 전진은 삶의 성화로 인한 공간이동이

만 보이는 곳이다. 영적 안목이 없으면 아무리 하나님께서 가나안을 주신다고 해도 일상 속에 임한 그 가나안을 가나안으로 여기지 못한다. 하나님이 주신 선물을 마음껏 누리려면 소위 눈이 열려야 한다. 주님은 이미 우리 각자에게 넘치도록 축복을 주셨는데[61] 그것이 통 보이질 않으니 허구한 날 복 달라고 주님을 들들 볶는다. 주님의 이러한 음성이 들리지 않는가? "애, 난 이미 다 줬다!"

우리 대부분은 주님이 허락하신 '지금, 여기'에서의 현실에 만족하지 못한 채 내가 규정하고 설정한 행복으로서의 '내일, 거기'에서 환상을 살아간다. 그 이유는 내 인식이 성령 하나님과 함께 있지 못하고 이 세대의 방식에 갇혀 있기 때문이다. 상대적 기준인 세상의 이원적 잣대로는 항상 만족이 없기 때문에 언제나 불완전을 느끼는 '지금, 여기'에 기거하지 못하고 '완전'이 있을 것으로 기대되는 '내일, 거기'에 내 시선과 마음을 두게 되는 것이다. 불만족한 현실세계에서 도피하는 최고의 방법으로 사람들은 마약을 한다. 마약은 우리를 환각상태로 접속시켜 준다. 즉 현실과 환

---

었지만 오늘 우리가 맞이하는 '약속의 땅'으로의 이동은 인식성화에 따른 시간(카이로스)의 이동이다. 어떠한 질량의 시간을 사느냐에 따라 동일한 곳에 있어도 다른 삶을 살게 된다. 예를 들어 같은 교회 안에 있어도 애굽에 사는 사람, 광야 초입에 있는 사람, 광야 한복판을 지나고 있는 사람, 출애굽의 석양을 맞고 있는 사람, 성숙의 삶인 가나안을 정복해가는 사람 등등 다양한 차이를 보인다. * 교회 안에도 거듭나지 않은 사람이 얼마든지 있다.

61) 엡1:3, '복주신'에 해당하는 단어(헬, 율로게사스)가 부정과거의 의미로 '이미 복을 주셨다'는 의미를 내포하고 있다. 따라서 성숙한 신앙인의 자세는 복을 구하기보다 이미 주님이 우리 각자에게 발행해 주신 그 복을 믿음의 삶을 통해 자신의 분량만큼 찾아가는 일이다.

상을 맞교환해 주는 일이 환각제의 메리트다. 오늘을 불행하다고 인식한 인간은 자신의 행복을 찾기 위해 불행하다고 느끼는 현실세계가 아닌 환상세계인 '내일, 거기'로 향한다. "내일은 달라질 거야"라는 주문과 함께.

이스라엘 백성들은 '지금, 여기'의 광야에 임한 현실 속의 하나님의 나라가 아닌 '내일, 거기'에 있는 환상 속의 하나님의 나라만을 살아가다가 정작 현실세계의 가나안이 열렸을 때에 '지금, 여기'에 임한 가나안을 역시 놓치고 말았다. 왜? 가나안에 들어가서도 항상 그랬던 것처럼 '지금, 여기'가 아닌 '내일, 거기'를 바라보았기 때문이다. 환상의 세계인 '내일, 거기'를 살면 '지금, 여기'에 주님이 주신 교회에 있어도, 주님이 허락하신 직장에 들어가도, 주님이 축복하신 가정을 가져도 우리는 불완전과 불행을 느낀다. 엉뚱한 곳에 시선을 둔 채.

† 환경이 아니라 내가 바뀌어야 새로워진다.
  - 변화의 뇌관

예전에 어떤 TV 프로에선가 전문가가 나와서 최면을 걸어 실험하는 장면이 나왔다. 최면가가 연예인에게 최면을 걸고 물을 술이라고 말하면서 마시라고 한다. "아이, 써" 인상을 쓰던 출연자에게 이번엔 생마늘을 주면서 초콜릿이라고 입가심하라고 준다. "아이, 달아" 이내 인상이 펴진다. 사람이 최면에 걸려 사고의 무중력 상태에서 무엇을 "그렇다"고 규정하면 진짜로 "그렇게 인식하는 것"을 보면서 인간의 인식이 얼마나 무서운지 새삼 느꼈다. 물을 술맛으로, 생마늘을 초콜릿 맛으로 인식하다니 맛을 보는 기관이 혀인지 아니면 우리 마음의 인식기관인지 연구해볼 만한 분야인 것 같았다. 우리의 인식을 특정한 틀에 가두어버리는 고정관념이나 선입견이 얼마나 무서운지도 새삼 느낄 수 있었다.

한 번 생각해 본다. 우리는 행복하다고 인식을 해서 행복한 건지 아니면 행복의 조건이 있어서 그것을 반드시 채워야만 행복해지는 것인지…. 상대적으로 복지 수준과 인간의 의식이 가장 발달되어 있다는 북유럽 국가에서 자살률이 높고 환경적 여건이 그 반대에 있는 서아시아나 남미의 빈유국에서 행복지수가 가장 높게 나오는 것은 아이러니하다. 행복은 과연 외부적인 조건에 의한 영향이 더 큰 것일까? 아니면 내면의 상태에 더 영향을 받는 것일까? 지질히도 가난한 환경과 연이은 실패로 내려간 밑바닥의 자리에서조차 행복하기란 쉽지 않다. 그렇다고 부와 성공과 명예를 가진 곳에 간다고 행복이 보장되는 것 역시 아니다. 그렇다면 인간은 과연 어떻게 행복과 만족을 누릴 수 있을까?

모든 것이 마음에서 온다 해서 환경은 중요하지 않다거나 주변 여건을 무시하는 것도 건강한 태도는 아니다. 반대로 중심을 잃고서 성공을 쫓아 환경에만 매달리는 것 또한 바른 신앙의 자세는 아니다. 우리는 육을 입고 있기에 정신 못지않게 그것을 담고 있는 문화도 가볍게 여겨서는 안 된다. 그러나 우선순위는 있다. 이것이 뒤바뀌면 문제가 발생된다. 중요한 것은 우리의 마음이고 생각이고 정신이다. 마음에서 생각이 나오고 그 생각으로부터 정신은 시발(始發)된다. 마음의 상태에 따라 감옥 안이 호텔이 될 수도 있고 호텔 안이 감옥이 될 수도 있다.[62] 일종에 갇혀 있는 세상인 군대에 가서 규칙적인 생활로 위장병 고치고 건강해졌다가 제대 후 자유로운 삶으로 돌아와 몸을 망친 한 청년의 경우도 보았다.

이 놈의 직장, 확 때려치우고 싶어요!
.
147

인식의 주체인 존재의 마음 상태에 따라 누군가는 새가 노래하는 것으로 보이고 다른 이는 새가 우는 것처럼 보인다.[63] 이는 새가 다르게 우는 것이 아니라 동일한 대상에 대해 그것을 바라보는 이의 상태에 따라서 그 해석을 달리하는 것이다. 그러니 동일한 환경에 대해서도 사람에 따라서 그 해석이 천차만별로 다를 수 있다. 예전에 그렇게나 커 보였던 사람이 어느 순간 너무나 초라하

---

62) 창45:5~8, 요셉은 노예나 감옥의 자리에서도 주님의 섭리를 바라보았다. 그런 그에게는 궁궐이나 초막이나 모두가 하나님의 나라가 될 수 있었다. 반대로 국가에서 치르는 시험 문제를 내기 위해서 호텔 안에 들어간 출제 위원들은 그곳에 갇혀 있어야 한다. 분명히 호텔에 있지만 감옥이 따로 없다.

63) 미국 사람은 새가 '노래한다'고 표현하고 한(恨) 많은 한국 사람은 전통적으로 새가 '운다'고 표현한다.

고 시시하게 보일 수 있다. 바라보는 대상이 작아진 것이 아니라 바라보는 존재가 전보다 자라난 까닭이다. 이처럼 동일한 존재라도 동일한 대상에 대한 해석이 바뀌기도 한다. 오늘에 절대의 의미를 가진 것이 내일엔 상대적인 것으로 바뀌어 있는 경우도 종종 경험한다.

중학교 2학년 때의 일이다. 국어시간에 선생님이 시(時)를 쓰는 과제를 주고 무작위로 발표를 시켰다. 나는 그때 이것처럼 재미없고 따분한 것이 없다고 생각했다. 그때도 꽤나 실용적(practical)이었던 나는 "어렵게 글 장난하는 이 짓이 대체 우리가 먹고사는 것과 무슨 관련이 있을까?"하며 국어 선생님을 한심스럽게 여겼다. 그런데 제법 나이가 들고 중년의 시절을 맞는 요즘 그 따분하고 쓸 짓으로 보였던 시가 남다르게 다가온다. 더구나 지난 몇 년 광야로 연수(?)를 다녀온 뒤에는 누가 시키지도 않았는데 시 비스므레 한 글들을 종이에 끼적여 본다. 오래 살다가 볼 일이다. 지하철 스크린 벽에 써 놓은 시들을 읽느라 도착한 지하철을 그냥 보내고 앞쪽에서 뒤쪽까지 걸어간 적도 있다. 시가 바뀐 것이 아니라 시를 보는 내가 바뀐 것이다.

신학생 초보시절 한창 근본주의[64]에 젖어 있을 때엔 불교의 스님

---

64) 근본주의에는 이중적인 의미가 있다. 19세기 후반 서구의 자유주의에 대항하여 나온 복음주의라는 긍정적인 의미 외에 개인 신앙에 국한하여 나온 반지성주의

들(당시엔 땡중으로 부름)을 보면 마귀 새끼들이라고 불결한 눈으로 쳐다보았는데 최근엔 좋아하는 스님들도 생겨났다. 법정 스님, 법륜 스님, 혜민 스님 등을 좋아한다. 그 이유는 이분들의 진솔함 때문이다. 순수한 아이들을 보고 나면 그 동심이 내 마음의 거울이 되어 누가 말한 것도 아닌데 때가 묻어 있는 나 자신을 느끼듯이 진솔한 삶은 종교적이고 정치적인 삶을 비추어 준다. 내가 아직 못 찾아서 그렇지 기독교에도 진솔한 목사님들이 왜 없겠는가? 그러나 최근 10년간 만난 기독교 사제들은 너무나 종교적이고 정치적이라서 상대적으로 위에 나오는 분들에게 더욱 호감이 갔던 것 같다.

이 놈 의
직 장 ,
확 때 려
치 우 고
싶 어 요 !
·
149

예전에 어느 유명한 목사님이 자신의 멘토가 원효대사라고 해서 속으로 그분을 이상하다고 생각했었다. 기독교 목사가 그래 할 말이 없어 그런 말을 하나 싶었다. 그런데 나이가 들고 그전보다 안목이 생기면서 그분이 왜 그랬는지 나 나름대로 이해를 하게 되었다. 중국에서 수입된 불교가 주류가 되던 당시에 대중 불교와 불교의 토착화를 위해 엘리트의 길인 중국 유학을 포기하며 자기부인을 했던 원효대사의 삶은 존경받기에 마땅했다. 사대주의와 엘리트 문화가 교회에 유입되어 베드로식의 '나만의 고백'을 상실한

_____

를 의미하기도 한다. 여기서 말한 근본주의는 진리 수호를 위한 복음주의를 말하는 것이 아니라 이분법적 사고에 매인 편협한 사고라는 부정적인 측면을 말한 것이다.

현대교회뿐 아니라 줄서기와 짜깁기의 대사가 되어 있는 나에게 조차 그 분은 비록 불교인이지만 멘토가 되기에 충분하다는 깨달음이 왔다. 내가 바뀌니까 불교에서도 배울 점이 많다. 교리는 아니지만 원리는 복음의 삶에 적용해도 좋은 것이 많다.

내 스스로 나에게 서슬 시퍼렇던 시절엔 찬송가로만 지성소를 노크했다. 노래방 가는 이들은 전부 죄인 중의 괴수였고 복음성가조차 차마 경망스러워 부르기 찜찜해 한 적도 있었다. 근데 그런 근본주의 관점에서 보면 한참 타락(?)한 요즘에는 유행가에도 은혜를 받는다. 가사의 주인공을 예수님으로 호환해서 부르면 이 모두가 다 찬송가가 된다. 사실 지금의 찬송가(Hymn)도 16세기엔가는 다 복음성가(Contemporary Christian Music)였고 오늘날 우리가 부르는 복음성가의 멜로디는 대중가요와 별 차이가 없다. 예를 들면 "나는 배, 주님은 항구 따다단…" 뭐 이런 식이다. 주님과 단둘이 은밀한 시간을 가질 때면 변진섭 씨나 이문세 씨의 감미로운 노래로도 데이트를 즐길 수 있게 되었다. 인식을 지배하는 가사를 바꾸니 그 멜로디로도 지성소가 열린다.

변화! 내 밖에 있는 대상이나 환경이 변해야 새로워지는 게 아니라 내가 변해야 다르게 보인다. 즉 변화의 중심엔 내가 있고 그 내 중심에는 인식의 변화가 있다. 내 사고의 패러다임이 변하면 만물이 다 다르게 보인다. 그런데 내 마음의 시프트가 바뀌기 위한 뇌관이 바로 '인식의 전환'이다. 하나님이신 성령님이 나를 찾아오시면 내 안에 있는 인식부터 바꾸신다. 내 시야가 그분의 시야에 접속이 되면 그 동안 선을 그었던 내 규정, 설정의 경계가 무너진다. 내 뜻이 아닌 주님의 뜻으로 내 밖을 보고 하나님의 섭리로 내 삶을 바라보면 내 설정대로 돌아가지 않아 불편했던 내 심사가 이내 풀리게 되고 조급해하던 불안증과 그로 인한 불만도 사라진다. 물론 성령의 와이파이가 끊기면 다시 내가 설정한 이원적 경계선이 살아나지만….

이것이 바로 우리가 매일 성령으로 기도해야 하는 이유다. 섭리의 와이파이가 끊기지 않게 하는 것이 신앙적 용어로 성령충만인 것 같다. 임마누엘을 삶 속에서 인식하면 하나님의 나라는 이미의 나라(The Kingdom of Already)가 되어 찬송가 495장[65]은 실제 내 간증이 된다.

† '오늘, 여기'에 천국이 임재하면 일상의 기쁨이 분출된다.
　　– 일상에 피어나는 만족감

---

65) "초막이나 궁궐이나 그 어디나 하늘나라…", 환경이나 상황과 상관없이 주님의 섭리 안에서 기쁨과 감사를 갖는 삶은 성령의 임재 속에 이루어진 천국의 모습을 보여준다.

오늘날 현대의 교회가 잃어버린 중요한 영성중의 하나가 바로 하나님의 나라(The Kingdom of God)이다. 강단의 메시지나 간증의 메뉴에는 항상 성공과 건축, 처세술이 그 상단을 차지하고 정작 중요한 하나님의 나라는 빠져 있다. 사실 교회는 하나님 나라의 모형이고 천국의 유통 업체다. 붕어빵에 붕어가 없고 대학로에 대학생이 없어도 상관없지만 교회에 하나님의 나라가 없으면 문제가 심각해진다. 하나님의 나라를 분실한 교회에는 생명력이 없다. 생명력을 잃은 교회는 사데 교회나 라오디게아 교회처럼 문화적 기능만 남은 종교기관으로 전락한다. 현대를 사는 크리스천이 접하는 하나님 나라의 이야기는 책방 귀퉁이에 처박혀 먼지 먹은 케케묵은 신학 도서이거나 비유로나 가끔씩 등장하는 설교 예화일 뿐이다.

'아직의 왕국'이 아닌 '이미의 나라'로서의 천국을 분실하면 바울의 경고처럼 우리는 경건의 외모만 갖추었을 뿐 삶 속에 경건의 능력은 메마르게 된다. 이런 모습에서 나온 우리의 전도는 설득력을 잃을 뿐 아니라 이단들에게 그 증거의 현장을 내어준다. 예수님의 3대 사역이었던 설교(헬, 케리그마), 치유(헬, 쎄라피), 성경공부(헬, 디다케) 사역의 핵심은 모두가 하나님의 나라였다. 즉 예수님의 모든 사역은 그 나라를 주시기 위함이었다. 하나님은 그 나라를 우리에게 주시기 위해 이 땅에 오셨다. '이미의 나라'로서 천국의 임재를 잃은 성도에게 그 나라는 현재의 삶과 상관

없는 종교적 특수 공간 정도로 오인된다. 이런 성도에게 직장이란 교회 밖의 세상이 되고 그곳에서의 그늘은 도피성으로 피신하게 만드는 훌륭한 구실이 된다. 예수님의 분명한 메시지를 다시금 되새겨보자.

·

"아버지께서 그 나라 주시기를 기뻐하시느니라"

(눅12:32)

·

다시 본 과의 주제로 돌아가 보자. 자신이 다니고 있는 "직장을 계속 다녀야 하는가?"의 질문은 사실 직장인만의 문제는 아니다. 전업주부라면 아마도 동일 선상에서 비슷한 질문을 이렇게 던질 것이다.

·

"설거지하고 빨래하고 집안 일하는 거 너무 지겨워요!"

·

공부하는 것이 즐거운 학생이 세상 어디에 있으며 거의 토씨 하나도 틀리지 않는 똑 같은 강의를 앵무새처럼 반복해서 해야 하는 교사 중에 그 일이 재미있는 사람이 몇이나 있겠는가? 매일 동

이 놈 의
직 장,
확 때 려
치 우 고
싶 어 요!

·

153

일한 노선을 왔다 갔다 해야 하는 버스 기사는 어떠하며 몇 시간만 보아도 '진'이 다 빠지는 육아를 하루도 빠지지 않고 몇 년을 보아야 하는 애기 엄마의 심정은 어떠할까? 일에 지친 아빠에게 모처럼만에 가족 나들이는 피곤한 고역이고 홀로 지내는 기러기 아빠에게 자유시간은 방콕에서의 안쓰러운 독수공방이다. 직원에게 월급날은 슬로우 모션이고 사장에게 동일한 날이 LTE라 문제가 된다. 남편에게 그녀는 아내가 아닌 마누라가 되어 세상에 둘도 없는 잔소리꾼이 되고 그녀에게 남편은 매너 없는 아저씨가 되어 숨 쉬는 것조차 꼴 보기 싫은 인간이 된다. 6개월이면 최신 스마트폰이 완전 구가다가 되는 시대에 다음세대 주민인 자녀들에게 부모는 중세의 꼴통 군주이고 자신의 청춘을 먹이고 키운 부모에게 그런 자녀는 수행과 득도를 시키는 둘도 없는 시어머니이다. 우리 모두는 마치 TV에 나오는 자양강장제 광고 속 이야기처럼 살아간다. 가장 소중한 그러나 동시에 가장 시시하고 지겨운 일상에 튕겨져 나온 탓이다.

"이놈의 직장 때려치우고 싶다"는 심리는 단순히 자신이 들어가 몸담고 있는 조직(단체)의 독특한 문화 때문만이 아닌 지루하고 고역스런 자신의 일상에 사표를 던지고 싶어 하는 인간 모두의 딜레마에서 온 것이다. 이 딜레마로부터 자유로운 인간은 없다. 그래서 이러한 일상에 대한 새로운 시야를 갖지 못하면 우리는 어떠한 형태로든 마약을 한다. '지금, 여기'를 벗어나 '내일, 거기'로 향하게 하는…. 주어진 일상의 소소한 현실로부터 탈출하고 싶은 우리 모두는 어떤 형태로든 마약(?)을 하고 있는지 모른다. 누군가는 게임으로, 누군가는 쇼핑으로, 카톡이나 카스로, 인터넷으로, TV 드라마로, 심지어 교회 봉사로…

건전한 성령 충만은 우리로 종교의 환상인 아닌 일상의 신비로 이끈다. 왜냐하면 하나님 나라의 임재는 우리에게 일상으로 연결된 지성소를 열어주기 때문이다. 애니메이션 영화 중 재미있게 본 영화가 '슈렉 포에버'다. 다 아는 내용이겠지만 기억나는 스토리는 대충 이렇다. 자신의 외모를 닮아 공주에서 피오나가 된 아줌마 아내 그리고 그 사이에 태어난 괴물 새끼들, 그 속에서 매일 반복되는 지겨운 일상들, 허구한 날 애기 똥 치우고 집안일하고…, 소소한 일상이 반복되는 지루함. 밋밋하게 반복되는 인생에 지친 슈퍼 몬스터 슈렉이 마법에 걸려 드디어 머리 아픈 그 일상을 떠나게 된다. 마법에 걸려 사랑하는 가족과 소중한 일상을 잃고 나서야 그는 일상의 소중함을 깨닫는다. 그리고 천신만고 끝에 그 소중한 일상 속의 가족 품으로 돌아온다. 뻔 한 스토리이지만 감동이 되는 건 우리 모두가 일종의 슈렉으로 주어진 현실을 살아가고 있기 때문이리라.

비록 만화 영화였지만 내용은 그 어떤 설교 메시지보다 감동적이어서 쪽팔렸지만 영화를 보며 눈물을 훌쩍거렸다. 시크하게 영화를 보는 딸 옆이어서 더욱 그랬다. 막내를 보는 아내를 대신하여 주방 운전대를 1년 가까이 잡아 주부 우울증에 걸렸던 때라 슈렉이 꼭 나 같았다. 아니 내가 슈렉 같았다. 자신을 계시하시기에 조금도 부족함이 없으신 우리 하나님! 강팍한 심령 때문에 공예배때 지성소의 문이 닫히니 슈렉으로도 기꺼이 나를 찾아와 주신다. 난 그러한 나의 주님이 너무 좋다![66] 지겨웠던 내 일상에 대한 인식이 소중함으로 바뀐 것이다. 아내, 딸내미, 아들 녀석, 가족 그리고 그들과 함께하는 일상들…. 순간 나에게 하나님의 나라가 임하니 잃어버린 삶의 감사가 회복된다. 때려치우고 싶었던 내 자리에 대한 감사가 밀려오자 '주부 자리'에 사직서를 쓰고 싶었던 속내에 대한 회개가 터져 나온다. 그러나 성령의 와이파이가 끊기면 일상에 대한 불만, 불평은 다시금 하늘을 찌른다.

성령의 임재로 들어가면 지성소는 일상으로 열린다. 내 관심의 촛대가 일상의 자리인 '지금, 여기'로 돌아오면 삶의 현장에 집중하게 된다. 그 곳에서의 의미와 가치가 확장되면서 동기부여가 일어난다. 그리고 그 동기부여의 힘은 현실에 주어진 그만의 독특한 맛을 확장해서 '지금, 여기'를 음미하는 현장의 미각을 공급한다. 짜장, 짬뽕, 볶음밥의 갈등 속에 어렵게 결정한 나만의 선택은 항상 나보다 맛있게 먹고 있는 옆 테이블의 메뉴를 보며 "에이, 나도

---

66) 수24:15, "너희 섬길 자를 택하라. 오직 나와 내 집은 여호와를 섬기겠노라" 당시의 여호수아의 심정을 알 것 같다.

저걸로 할 걸"하는 순간의 후회를 낳는다. 그러나 지금 선택해서 먹고 있는 그 메뉴만의 맛을 즐기는 능력이 없다면 아마 "저걸로 할 걸"하는 그 메뉴로 선택했던들 앞 테이블의 또 다른 메뉴를 보고 어차피 다른 후회를 하고 있었을 것이다. 최고의 선택은 "무엇을 선택했느냐?"가 아니라 좋아서 그 선택한 그것을 "어떻게 만끽할 것인가?"에 있다. 이는 우리가 매일 선택해야 하는 점심 메뉴만 아니라 우리가 인생에서 중요하게 결정해야 하는 배우자 선택, 직장 선택, 교회 선택 등에서도 똑같은 원리로 반영된다.

우리는 항상 "무엇을 선택할 것인가?"에 사활을 걸지만 성숙의 몫은 우리가 이미 선택한 것에 대한 '우리의 자세'에 있다. 인간은 자신이 가진 당시의 시야만큼 선택을 한다.[67] 다만 우리가 선택한 것의 양지는 취하여 만끽하고 그것이 가진 음지의 영역은 책임을 져가면서 성장해 가는 것이다. 어차피 완전하지 않은 우리는 이 세상에서 선택을 할 때에 무엇이든 그 대상에서 완전을 가질 수 없다. 장점은 취하고 단점에서 배우면 된다. 컵의 물을 반이나 마셔서 이젠 반밖에 안 남았다고 걱정하기보다 반이나 마실 동안의 시원함을 실컷 만끽해야 한다. 그리고 아직 반이나 남았다는 희망을

---

67) 존재의 질량과 수준만큼 그 대상을 평가한다. 따라서 우리가 하는 선택의 책임은 전적으로 그 자신에게 있는 것이다. 나는 한 때 콜라에 중독이 되어 콜라를 물 대용으로 마신 적이 있었다. 그러나 물에 대한 인식이 바뀐 지금 콜라를 마시는 사람을 가장 불쌍한 사람으로 본다. 콜라가 바뀐 것이 아니라 그것에 대한 내 인식이 바뀐 탓이다.

갖고 앞에서 혹시나 놓친 것이 있으면 잘 기억해 두었다가 다음에 반을 마실 때에 그 전보다 더 맛있게 마실 수 있어야 한다. 그렇지 않으면 언젠가 맞이해야 하는 임종 앞에서 당당하기보다 아쉬운 이생의 끈을 놓느라 진땀을 흘리게 될 것이다.


## † 최고의 선택은 좀 더 좋은 것으로 선택하는 것이 아니라 좋아서 선택한 그것을 사랑하며 책임지는 것에 달려 있다.
### – 완전한 선택이 아닌 선택한 것에 대한 집중

자신이 있는 일터에 회의를 가져 상담하러 오는 이들에게 먼저 이직(移職)보다는 그 속에서 의미를 찾고 더 나아가 소명을 찾도록 권면을 한다. 이직 딜레마를 넘어서서 그 속에서 혹 소명을 발견하면 그 일은 곧 성직(聖職)이 된다. 우리 인생은 선택의 연속이다. 우리는 매일 아니 매 순간을 선택하며 살아간다. 그만큼 선택은 인생여정에서 매 순간 우리가 맞이해야 하는 동반자이며 피할 수 없는 일상의 한 부분이다. 그런데 선택에 있어 잊지 말아야 할 중요한 공식이 있다. 무엇을 선택하면 그 대가로 다른 기회들을 포기해야 한다는 점이다. 사랑의 대상으로 미스 김을 선택하는 순간 미스 박, 미스 최 등 다른 여인들을 포기해야 한다. 결혼이란 한 대상에게 나를 매진하겠다는 표시이며 내 이마에 'sold out'이란 스티그마를 붙이고 다니는 것이다. 오죽하면 품절남, 품절녀라고 할까?

누군가를 사랑하는 일에는 사랑의 대상을 하나로 선택하는 기쁨과 함께 사랑에 대한 다른 기회를 포기하는 아쉬움도 뒤따른다. 즉 선택의 양면에는 기쁨과 아쉬움이 공존한다. 미스 김, 미스 박, 미스 최, 미스 리 등 다수를 선택하면 그 대가로 사랑하는 여인에게서 날아오는 분노의 칼과 함께 사회의 지탄을 받아내야 한다. 이 또한 자신이 취한 선택의 결과이다. 다수의 연인을 평안과 함께 가지려면 일부다처 또는 다부다처가 허용되는 아마존과 같은 곳으로 이주(?)를 해야 한다.

신차로 K사의 자동차를 선택하는 순간 H사의 것은 포기해야 한다. 그해에 가장 유행하는 컬러를 선택하는 순간 내가 좋아하는 특정 컬러를 포기해야 한다. 하다 못 해 자장면을 선택하면 짬뽕은 포기해야 한다. 즉 선택은 또 다른 것의 포기를 의미한다. 선택의 또 다른 이름은 그래서 포기와 책임이다. 선택한 것을 취하는 대신에 다른 것 취할 기회를 내려놓아야 한다. 그래서 우리는 늘 선택 앞에서 고민하고 그 고민 끝에 내린 결정 뒤에도 자신의 선택이 혹 틀리지 않았을까 뒤돌아본다.

예전에 지도했던 청년 중에 한 형제는 결혼식을 며칠 앞두고 자신의 결혼을 취소하면 안 되겠냐?는 질문을 해 오기도 했다. 평소에도 갈대와 같은 모습을 종종 보였던 사람이라 지금 생각해보면 놀라울 정도로 한 치의 지체도 없이 "그냥 해"라고 단언했다. 그 형제는 그 누구랑 결혼을 해도 동일한 갈등을 할 것이고 결혼하는 그 자매만큼 그 형제에게 맞는 사람도 없다는 확신에서 그랬다. 그의 갈등은 상대편의 문제에서 온 것이 아니고 자신의 내면에서 흔들린 것이기에 그의 마음을 잡아주면 될 성격의 문제였다. 물론 지금 그는 그때 결혼한 자매와 자녀를 낳고 잘살고 있다. 물론 그의 성화가 덜 된 만큼 그의 내면에서 그때와 같은 갈등과 회의가 또 불쑥 올라오겠지만. 그러한 원인이 결혼 파트너를 바꾸어야 해결되는 것이 아니고 그의 불완전한 인식이 성령으로 성화되어야 한다. 이러한 선택의 딜레마는 점심메뉴 선택에서도 극명하게 확인된다.

선택의 갈등은 주문하기 한참 전부터 시작된다.

식사하러 가는 길목에 짬뽕을 마음에 둔다.

중국집에 들어서는 순간 밀려오는 짜장 냄새에 마음은 바뀐다.

"짜장이요" 말이 나오기 전에 옆 테이블에서 누군가 맛있게 먹는 볶음밥을 보며 주문의 결정은 엉뚱한 곳으로 흐른다.

지난번 짜장면을 먹었던 것을 후회하게 했던 그 볶음밥이 나왔다.

볶음밥만의 메리트를 즐기기도 전에 동행한 사람이 먹는 짬뽕이 날 또 흔든다.

"에이, 짬뽕으로 할 걸"

후회를 하며 중국집을 나온다.


언젠가 이런 중국집 딜레마를 넘어보고자 큰맘을 먹고 점심사냥에 나선 적이 있었다.

짜장, 짬뽕, 볶음밥 3개를 다 시킨 것이다.

"또 오실 분이 계신가요?"

"아니요"

정체불명의 미소로 뒤돌아섰던 웨이터가 곧 가득한 쟁반을 갖고 나타났다.

볼록해진 배를 끌고 이내 계산대 앞에 섰다. "에이, 한식으로 할 걸"이라는 후회와 함께 느끼한 속을 쓸어내렸다.

짜장은 짜장대로의 맛이 있고 짬뽕은 짬뽕대로의 맛이 있다.

짬짜면은 우리의 생각만큼 이상적이지 않다.


사실 빛과 그림자는 떼려야 뗄 수 없는 하나이다.

그러나 우리는 종종 빛과 그림자를 한 패키지로 받아들이지 못한다. 빛만 골라서 내가 원하는 그릇에 담으려고 한다.

실패한 '짬짜면'이 중국집에만 있는 것은 아니다.

좋아서 짜장면을 시켰으면 그것만의 맛에 집중할 줄 알아야 중국

짬 딜레마를 극복하고 점심전쟁에 승리한다.

그래야 다음 번 짬뽕 주문에도 집중할 수 있다.

점심메뉴는 우리 일상의 수많은 선택 중에 한 파편이다.

선택의 싸움에서 승리자가 되기 위해선 선택한 것의 빛과 그림자
중에 빛에 집중할 수 있어야 한다.

새로운 선택에서의 승패도 그 집중하기에 달려 있다.

이것이 짜장면 영성이다.

그대에게는 과연 짜장면 영성이 있는가?

– 짜장면 영성

모든 선택에는 그 선택으로 인한 빛과 그늘이 늘 존재한다. 인간
은 누구나 무엇을 선택을 할 때에 그것이 가진 광채 때문에 하지
그것의 이면에 숨겨져 있는 그림자가 좋아서 취하지는 않는다. 인
간은 간사해서 무엇이 가진 빛을 보고 좋아서 그것을 움켜쥐지만
그것의 취득증서의 잉크가 채 마르기도 전에 그것의 그늘 때문에
자신의 선택을 후회한다. 가능성 있었던 다른 선택에 대한 환상
과 비교하면서 말이다. 혹 환상을 가진 다른 것을 선택했더라도
그것의 그림자 때문에 지금과 같은 후회를 하게 되리라는 것을
모른 채 말이다. 세상의 가치가 만물의 빛을 보고 그것을 취하는
것에 있지만 성령 하나님의 비추이심을 받으면 그것의 그림자도

'성화될 나'에게 없어서는 안 될 섭리적 요소임을 깨닫게 된다. 내 일상에 담긴 지성소를 향해 천국 문이 열리면 내가 선택한 것의 그늘 때문에 괴로워하거나 후회를 하기보다 선택한 것의 빛을 보고 그 빛을 한껏 쏘인다. 그리고 내가 쏘인 그 빛의 화학작용으로 그 빛과 패키지로 붙어있는 그림자조차 나에게 유익되는 신비임을 인식하게 된다.

하나님은 살아계시고 늘 선하시다. 그분은 빛뿐만 아니라 그림자도 만드셨다. 내 인식에 따라 그림자에도 선한 기능이 있음을 느끼게 된다. 심지어 그 그림자를 즐기게 되는 법도 배우게 된다. 이것이 성숙의 선물이다. 페이는 괜찮은 대신 집에서 너무 먼 직장, 인센티브가 큰 대신에 본 봉급은 박한 직장, 군기는 쎈 데 이력을 쌓기에 좋은 직장, 이도 저도 아닌데 신앙생활 하기에 도움이 되는 직장 등등 어느 직장에나 빛과 그늘이 있기 마련이다. 그 그늘 때문에 힘들어 하기보다 그곳에만 있는 빛 때문에 즐거워하는 법을 배우지 않으면 그는 늘 그늘을 불평하며 피해 다닐 것이다.

어떤 직업과 직장에도 거기에만 존재하는 빛과 그늘이 있다. 자신이 다니는 회사에 불만이 많아 사표 딜레마에 빠진 사람은 애꾸눈이다. 자신이 있는 곳의 빛은 못 보고 늘 그곳의 그늘만 크게 인식하는 장애를 가진 사람 말이다. 애꾸눈이기에 그는 다른 곳으로 옮겨가도 항상 그러했듯이 또 새로운 곳의 그늘만 인식할 것이다. "여기는 왜 이리 어둡고 추워"하면서 말이다. 이들이 항상 내세우는 사직 또는 이직의 명분은 잃어버린 꿈을 더 늦기 전에 찾기 위함이라지만 그 내막에는 현실 도피가 잠재되어 있는 경우가 다반사다.

꿈을 찾아 들어간 새로운 직장에서도 엄연히 거기만의 그늘이 존재한다는 진리를 간과한 채, 환상에 부풀어진 새로운 곳으로 출근을 한다. 그러나 현실의 그림자에 깨어나기까지 그리 오랜 시간이 걸리지 않는다. 밖에서 선망의 대상으로 바라볼 때엔 어디나 빛의 조명만 보이지만 막상 그곳에 들어가면 밖에서는 보이지 않았던 그늘이 드러난다. 한번 조직(?)의 어두움 때문에 피신한 전례가 붙으면 우리 몸은 그늘에 대한 면역력이 떨어져 또 다른 그늘 앞에 다시 피신하고픈 갈등에 몸부림치게 된다.

내가 다니던 직장에서 나가야 할 때는 '힘들다'고 느낄 때가 아니라 그곳에서 인정을 받아 더 이상 그곳에서 내가 성장할 일이 남아 있지 않았을 때이다. 보통 교회에서도 그렇다. 아무리 좋아 보이는 교회에 들어가도 그곳에는 그곳만의 그림자가 있다. 그곳에 보내신 주님의 섭리보다 그 곳의 그림자가 더 부각되어 사표를 쓰면 교회를 수시로 옮기게 된다. 주님이 주시는 전근 딱지 없이 '내 임의로' 직장을 옮길 때 가장 손해가 되는 건 그 당사자이다. 이는 어느 사회에서든 동일하다.

회사에서 필요로 하는 사람이 되었다면 새롭게 주어지는 이직의 당위성 앞에 당당해도 된다. 그러나 회사가 나를 필요로 하는 것보다 내가 회사를 더 필요로 하는 분위기라면 그곳에서 예정된(?) 성장의 시간을 채워야 한다. 그렇지 않으면 새로이 이직한 곳에서도 곧 머지않아 똑같은 고민에 빠지게 되거나 또는 사직 후 재취업이 되지 않아 "그냥 거기에 더 있을 걸"하는 후회를 하게 된다. 이는 사회 초년생의 터널을 지나온 내 자신의 경험이기도 하며(전도사 시절에 교회를 일 년에 두 번 바꾼 적도 있다) 부족한 목사를 찾아왔던 청년들의 살아있는 데이터이기도 하다. 상담은 경험과 데이터의 사역이다. 직장 딜레마에 빠진 사람들에 대한 내 믿음은 밀리언셀러 작가의 차기작인 '천 번을 흔들려야 어른이 된다'를 읽고서 더욱 확신을 얻었다. 그분은 나보다 더 많은 사례를 체험한 그 분야의 전문가이기에 신앙도서가 아닌데도 읽는 내내 속으로 아멘을 외쳤다.

우리는 완전을 지향하는 불완전한 존재이다. 그래서 우리의 선택은 우리의 기대만큼 완전할 수 없다. 즉 어떤 선택을 하던 거기에는 언제나 명암(明暗)이 있기 마련이다. 내가 좋아서 선택한 것의 명(明)에 대해선 한 눈 감고보고, 암(暗)에 대해서는 예민하게 느끼며 그것의 사실보다 확장해서 보는 것은 아직 어리다는 것의 방증이다. 선택에서 오는 명(明)은 최대치로 누리고 암(暗)은 내 성장의 비료로 쓰는 것이 인생의 지혜다. 기억하라. 우리가 할 수 있는 최고의 선택은 완전한 선택이나 비교 우위에 있는 좀 더 나은 것을 선택하는 것에 있는 것이 아니라 선택한 것의 명에 집중하여 그것을 최선의 선택으로 만들어가는 책임에 있다.

우리에게 완전한 선택이 있을 수 없는 명백한 이유는 첫째로 그 선택을 하는 존재가 완전하지 않아 그 어떤 것에서도 완전을 인식할 수 없고 둘째 이 땅에 존재하는 모든 피조물은 가치중립의 것으로 그 자체로 완전한 것이 없고 다만 하나님의 창조의도대로 사용될 때에 그것은 완전을 지향하게 되기 때문이다. 인간에게 완전한 선택(직장)이란 없다. 우리가 지향해야하는 최고의 선택(직장)은 비교우위를 갖은 곳을 선택하는 것보다 이미 내가 선택하여 지금 있는 곳을 더욱 사랑하고 책임지는 자세에 있다.

마지막으로 직장이든, 가정이든, 교회이든, 이전(?)을 고민하는 이들에게 '천 번은 흔들려야 어른이 된다' 책에서 그 작가가 인용하신 명언을 나누고 싶다.

·

"사랑하지 않으려면 떠나라.
그러나 떠나지 않으려면 사랑하라"

·

## 잠시 쉬어가기

### ::: 시간의 지성소로 열린 오늘

'일상을 산다'는 건 흘러가는 삶 앞에 단순히 서있는 것만을 의미하지 않는다. 단순히 호흡을 한다고 '일상을 산다'고 할 수는 없다.
일상을 살기 위해선 우선 주어진 삶의 배경에서 그 의미를 발견해야 한다.
'지금, 여기'에 임한 오늘에 집중하여 그것을 만끽하고 그것에 감사해야 한다. 그러기 위해 '지금, 여기'에 흐르고 있는 주님의 섭리를 바라볼 수 있어야 한다.
이것이 오늘과 영원을 지성소로 연결하는 삶의 증거이다.

하늘과 땅을 하나로 연결해주시는 성령 하나님의 임재가 없이는 '이미의 나라'가 빡빡한 현실세계에 결코 열리지 않는다. '아직의 왕국'만 기다리는 반쪽짜리 천국시민은 '지금, 여기'를 놓치기 십상이다.
어제의 아쉬움과 내일의 환상 사이에 끼어 '오늘 집중하기'의 삶을 분실한다.

시간의 지성소가 열리지 않으면 삶의 의미를 찾을 수 없다.

선악과의 독소는 언제나 우리의 마음을 두 개로 나눈다.

평소 일터에선 휴가를 꿈꾸고 휴가를 가선 일을 생각한다.

화이트의 깔끔함을 취하면 그새 블랙의 세련됨이 더 좋아 보이고

자장면의 주문이 들어가는 순간 짬뽕의 아쉬움이 몰려온다.

내게 주어진 몫의 음지보다 남의 떡이 지닌 양지를 부러워한다.

무엇의 빛만 보고 붙잡다가 곧 드러난 그것의 그림자 때문에 손을

떤다. 선악과의 약발은 우리 모두를 애꾸눈으로 만든다.

'어제, 거기'나 '내일, 거기'가 아닌 '지금, 여기'를 산다는 건 천국의

와이파이가 열려야 가능한 일이다.

성장 중인 성도의 현주소인 광야의 '지금, 여기'를 성실히 살아내야

내일에 들어올 가나안의 '지금, 여기'도 살게 된다.

그래야만 주님이 주신 아내(남편), 주님이 주신 교회, 주님이 주신

직장에서 방황을 멈추게 된다.

(슈렉포에버에 나오는 일상을 잃은 주인공) 슈렉이여!

이원론의 마법에서 속히 깨어나라!

주님이 나에게 주신 하나님의 나라는

'어제의 거기'나 '내일의 거기'도 아닌 바로 '지금의 여기'에 있다.

주어진 오늘에 집중할 때에 비로소 일상을 살게 된다.

시간의 지성소로 열린 하나님의 나라 안으로.

# 6과
·
# 설교시간에 통 은혜를 못 받아요!
‖ 지적 욕구 과부하인 청중의 문제인가?
현장성 부재인 설교자의 문제인가? ‖

·

† 인문학적 교양이 적은 설교자와 신학적 정보에 관심이 없는 성도가
조우하다.
  – 메마른 입과 살찐 귀 사이에 끼인 교회

† 강단의 샘물은 단순히 '은혜받는 개인적 이슈' 그 이상의 중요한
문제이다.
  – 성도의 탄식 속에서 발견하는 하나님 나라의 위기

† 신학과 인문학의 이중언어(bilingual)를 구비하라.
  – 카이(접속사) 영성을 가진 설교자가 절실한 시대

† 귀있는 자는 성령의 음성을 들으라.
  – 듣기 위한 말씀인가? 살기 위한 말씀인가?

·

# 6과

## 설교시간에 통 은혜를 못 받아요!

**‖지적 욕구 과부하인 청중의 문제인가?**
**현장성 부재인 설교자의 문제인가?‖**

† 인문학적 교양이 적은 설교자와 신학적 정보에 관심이
  없는 성도가 조우하다.
  – 메마른 입과 살찐 귀 사이에 끼인 교회

설교에 은혜를 못 받는 성도들이 부쩍 늘어났다. 여기에는 다양한
원인들이 있겠지만 거의 한 시간 이상을 가만히 앉아 듣기만해야
하니 설교중심의 예배 패러다임 구조에 그 원인이 크다 하겠다.
예배시간의 90 퍼센트는 설교로 채워지는데 혹 설교자가 설교를
잘 하는 분이면 천만다행이지만 그렇지 않은 경우라면 '하루가 천
년' 같은 예배시간에 고행을 감당해야 한다. 사실 설교에 은사가
있는 경우는 목회자 열 명중에 한 둘 정도인데 나머지 여덟이나
아홉에 속하는 성도라면 설교시간이 예비군 훈련 참석의 심정이

되기 십상이다. 더구나 미디어나 인터넷으로 다양한 설교로 이미
외식(?)을 하고 온 경우라면 밋밋한 집밥이 맛있을 리 만무하다.
많은 경우에 목사님과의 의리 관계 때문에 교회에 나와 준다. 선
심신앙으로는 교회생활이 기쁠 리 없다.

세속에 물들지 않고 자기를 지킨다는 장점의 이면에 보수신앙은
시간이 과거에서 멈추어 있다는 단점도 갖고 있다. 시대는 급속
도로 변해 가고 그 변화의 파도에 휩쓸려가는 일반 성도들에 비해
교회나 기도원 또는 기껏해야 비슷한 문화권 내의 목회자 모임에
나 왕래를 하는 목회자들은 그 흐름의 속도라는 관점에서 보면 시
간의 속도가 너무 느리다고 하겠다. 보수라는 프라이드가 강한 목
회자 중심의 관점에선 세속화의 시간차라고 생각하겠지만 그 반
대쪽에 서 있는 성도들의 입장에서는 세상물정을 전혀 모르는 철
없는(?) 신학 이야기만 늘어놓는다고 느낄 것이다. 이처럼 강단과
청중석 간의 간격은 우리의 생각보다 크다.

이 둘 간의 거리만 아니라 그 사이에 놓인 높은 장벽 또한 큰 문제
다. 성도들이 세상 한복판으로 들어가 처절하게 싸우는 삶의 현
장을 분실한 관상용 신학만으로는 먹고사는 것에 치여 지칠 때로
지친 생활인을 움직이기에는 역부족이다. 현실에 뿌리박은 영성
을 분실한 신학자급 설교자는 하나님의 사랑을 신학적 용어에 담
아 목 놓아 토설할지 모르지만 생활전선에서 실패한 뒤 중간 기착

점인 예배당에 잠시 들러 연신 하품만 뿜어대는 성도들은 괴로운 '예배 견디기'만 하고 있다. 인문학적 교양이 적은 설교자와 신학적 정보에 관심이 적은 성도가 조우한 예배당의 영적 기후는 저기압의 영향으로 구름 많고 잔뜩 흐린 날씨다. 언제 쏟아질지 모르는 "설교가 안 들려요"라는 불만의 폭풍을 뒤로한 채 설교자나 청중 모두가 "이러다 말겠지"라는 안일한 위기 불감증의 늪으로 계속 빠져든다.

한 번은 "찾아뵙겠다."는 전화와 함께 나를 찾아온 한 젊은 부부가 있었다. 자매가 청년부 담당 교역자 시절에 지도했던 성도였는데 결혼 후에 시댁 쪽 본 교회로 출석을 하고 있었나보다. 상담의 내용인 즉은 남편 되는 형제가 어렸을 때 이따금씩 어머니 따라서 교회에 갔었을 땐 몰랐는데 신앙생활을 하기로 마음먹고 자신의 본 교회로 삼아 출석을 한지 몇 달이 안 되는 요즘 예배시간에 아주 죽겠다는 것이다. 그 이유를 물으니 목사님이 본문과 상관없는 정치얘기며 경제소식이며 심지어 자신의 근황 얘기로 설교시간이 채워진다는 불평이었다. 그래도 이 경우는 희망적이다. 설교의 내용이 성경적인데도 힘든 경우라면 전달자가 아닌 수용자의 문제일 소지가 높다.

사실 설교란 성경에 쓰인 하나님의 말씀을 또박또박 풀어주는 일이다. 여기에 적절한 예화가 들어가고 본문 해설을 위해 적당한 신학적 해석이 곁들어지고 본 텍스트의 적용을 주는 일들은 다 양념이다. 수천 년 전에 쓰인 성경의 텍스트를 오늘의 몫으로 끌어오는 힘과 그 맛은 설교자마다 다르지만 성경을 해석하고 풀어주는 몫은 모든 설교자 공통의 일이다. 식당에 가도 똑같은 재료로 한 음식이라도 그 맛이 다 다르다. 가령 설렁탕집이라도 그 맛과 개성은 다 다르다. 어느 집이 더 맛있고 덜 맛있느냐는 요리사에 따라 결정되기도 하지만 먹는 이의 취향에 따라 다를 수도 있다.

성도가 말씀을 통해 영의 양식을 공급받는 방식은 크게 두 가지이다. 큐티나 성경읽기처럼 본인 스스로 밥을 해먹는 것과 공예배에 참석하여 하나님이 세우신 설교자를 통해 주어지는 것을 먹는 방법이 있다. 초신자나 아주 '생'자가 아닌 어느 정도 자란 성도라면 본인 스스로 성경을 통해 주님과 교제할 수 있어야 한다. 그리고 간혹 일주일에 한두 번 교회에 가서 외식을 해야지 설교듣기로 영의 주식을 삼는 것은 결코 바람직한 형태가 아니다. 설교에 기대를 거는 것은 성도의 당연한 권리이지만 이것은 생명의 양식을 스스로 먹는 것 이후의 일이다. 일주일 내내 굶다가 달랑 주일 메시지 하나로 일주일의 허기를 채우려는 태도는 건강한 그리스도인의 모습은 아니다. 평상시 집 밥 잘 먹다가 한 외식과 모든 사활을 주일 외식 한방에 거는 것과는 분명한 차이가 있다.

최고의 요리로 아무리 맛있는 음식을 내놓는 식당도 매일을 넘어 몇 년을 지속하여 가서 먹으면 제아무리 산해진미가 있더라도 물리게 마련이다. 개인적으로 한정식을 좋아하는데 어떤 곳이 맛이 있어 몇 번이고 계속 가면 곧 질려서 한동안 그곳을 찾지 않게 된다. 설교도 그렇다. 아무리 당대 최고의 설교자라고 해도 한 사람의 설교를 계속 들으면 머지않아 귀도 그 소리에 물리게 된다. 언젠가 불교에서 기독교로 귀의한 전도사님에게서 배움을 받은 적이 있었다. 비교 종교학을 하셨을 뿐 아니라 철학적 사유가 깊고 넓은데다가 교사의 은사까지 있어 입담도 좋은 분이셨다. 처음 그분의 메시지를 접하고 적잖은 충격도 받았다. 마치 내 귀가 코페르니쿠스의 혁명을 맞는 것 같았다. 이전에 그 어떤 목사님에게서도 들어보지 못한 메시지였다. "뭐 이런 사람이 다 있지?" 할 정도였다. 많은 이에게 스타였던 그분의 팬이 되어 한동안 그를 좇았다.

인간의 귀는 참 간사하다. 그분 근방에 가서 귀동냥을 하고 한 3년쯤 지났을까? 들었던 얘기가 어느새 반복된다. 처음엔 하나로도 놓칠까 싶어 받아 적던 내가 어느새 "저 얘긴 이번까지 들으면 7번째인데…" 그분의 문하생이 자라고 교만해진 탓도 있겠지만 아무리 뛰어난 교사라도 3년이면 밑천이 바닥이 나는 법이다. 그래도 그분정도 되니까 3년이나 갔지 '짜깁기의 달인'이었던 나에게 웬만한 분 같았으면 몇 달도 안 되어 물렸다고 벌써 다른 메뉴의 새 식당(?)을 찾아 나섰을 것이다. 청중의 귀가 이렇다. 언젠가는 못 들어 본 설교라고 호들갑을 떨다 귀에 물리면 더 못 듣겠다고 아우성을 친다.

천당 다음이라고 하는 그 유명한 분당에 사는 지인 하나의 이야기를 잠시 할까 한다. 그는 거기에서도 유명한 교회를 다녔는데 그 교회 목사님은 우리나라 최고의 설교자로 명성이 자자한 분이셨다. 식당으로 비유하자면 그 교회는 국내 '탑클래스'에 속하는 고급 레스토랑이었다. 같은 설교자(요리사)인 내가 시식해보아도 부러울 정도의 요리를 만드는 분이었다. 이따금씩 외식이 당길 땐 나도 인터넷에 있는 그 식당에 들어가 시식도 해보고 거기에서 내 요리 래시피의 아이디어를 얻기도 했다. 그런데 그 교회에 다니던 그 지인이 그 곳을 나와 교회를 옮겼단다. 그곳의 메뉴와 음식에 질려서 말이다. 그 정도 식당에 다녔던 사람 입맛에 "과연 다른 곳 메뉴가 입에 맞을까?"하는 '의문 반, 염려 반'으로 그와 마지막 통화를 한 지도 몇 년이 지났다.

교역자 그룹은 크게 두 가지로 나눌 수 있다. 사회 경험이 있는 쪽과 오롯이 신학만 공부한 쪽으로 말이다. 사람마다 차이가 있겠지만 일반적으로 사회에서의 경험이 적을수록 그리고 신학 세계 안에서만 자라온 경우에 세상 속에서 살다 온 청중과 교감하기 어려울 확률이 높다. 실례로 보수 라인의 신학적 울타리 안에서만 살아온 목사님 한 분은 영화 같은 것을 보러 극장에 가는 것을 세속화의 안테나라고 여겨 청년들뿐 아니라 교인들이 영화관에 가는 것까지 금하셨다. 목사님의 그러한 세계관과 시야에서 나온 설교에 극장만 아니라 그보다 더한 곳(?)도 자유롭게 출입을 하는 성도들이 과연 은혜를 받을 수 있었을까?

종교개혁 전에 사제가 읊던 라틴어의 성경이 방언기도로 들리던 청중에게 은혜가 될리 만무했던 것처럼 일상의 언어로 성경을 호환하지 못하는 설교자의 신학적인 메시지는 생활인인 성도의 귀에 잘 들리지 않는다. 개인적으로 타 교역자에 비해 상대적으로 사회 경험이 많았던 나는 이러한 배경으로 인해 설교할 때에 덕을 보았다. 내가 기도를 많이 한 것도 아닌데, 성경연구를 더 한 것도 아닌데, 인격이 더 성숙한 것도 아닌데, 교양이나 의식 수준이 더 높은 것도 아닌데 내 설교에 성도들이 교회내의 타 교역자에 비해 더 반응을 하였다. 오로지 타 교역자의 설교문보다 덜 신학적이고, 더 생활적이라는 이유만으로 그랬다.

어려운 가정 형편 때문에 어려서부터 아르바이트로 자신의 삶을 꾸려온 전도사님 한 분을 알고 지낸다. 학비충당을 위한 주경야독 때문에 학성적 구비는 상대적으로 약하지만 자신의 담당 부서인 고등부 설교를 할 때에 그 설교를 들은 나이 드신 선생님들이 자주 울었다고 한다. 어려서부터 축적한 삶의 리얼리티가 묻어서인가 보다. 다양한 경험을 통해 장착된 그만의 인생관은 성경을 보

는 독특한 안목을 키워주었고 그런 삶의 안목에서 나온 그의 설교
는 하나님의 사람들의 심금을 울렸다.

설교란 성경읽기가 아니라 성경에 대한 목회자 개인의 해석이요
적용이기에 설교자가 가진 세계관에 영향을 받고 그 테두리 안에
서 나온다. 사회 경험을 해야만 꼭 좋은 설교가 나오는 것은 아니
겠지만 성도들이 살아가는 삶에 대한 이해가 없으면 설교는 너무
관념적이거나 신학적으로 흘러서 삶의 현실에 뿌리를 둔 성도들
의 실생활과 거리가 먼 '뜬구름 이야기'가 될 가능성이 농후하다.
각자의 위치 때문에 신학자, 신학생, 목회자, 일반 성도에게 은혜
가 되는 설교는 다 다르기 마련이다. 그러나 목회자가 설교하는
대상은 현실세계에서 형이하학적(?)인 삶을 살고 있는 범인(凡
人)들이라는 사실을 설교자는 잊지 말아야 한다.

## † 강단의 샘물은 단순히 '은혜받는 개인적 이슈' 그 이상의 중요한 문제이다.
 – 성도의 탄식 속에서 발견하는 하나님 나라의 위기

각자의 세계관에서 나온 인생철학이 저마다 다를 터인데 세대가
변해가는 만큼 판이하게 달라지는 인생관의 차이에서 강단의 가

치관과 청중의 가치관이 말씀 앞에서 서로 충돌하는 경우도 생긴다. 가령 가정을 우선하는 신세대 성도[68]와 목회를 위해 딸 대학교 졸업식도 불참한 목회자와의 가치관[69]의 차이는 거기에서 비롯되는 성경해석[70]의 결과물인 설교에서도 보이지 않는 벽을 만든다. 그래서 교회, 목회자, 성도가 각각 자신의 정확한 신앙노선을 발견하지 못했거나 그것이 명확하지 않은 상태에서 이해관계로만 교회출석을 하게 되면 진정한 의미에서의 커뮤니티 공동체를 형성하기 어렵다.

다른 모든 것은 다양성이 교회를 유익되게 할 수 있지만 신앙노선이 다르면 공동체적 본질에 '빨간 불'이 들어온다. 공동체성이 약할수록 카리스마가 강한 설교자에게 회중이 뇌사된 상태에서 딸려갈 수는 있어도 그 메신저와 청중이 말씀을 매개로 하나가 되는 코이노니아를 맛보기는 어렵다. 목회자의 오빠부대가 된 성도들은 평생 설교듣기를 통해서만 '링거에 꼽힌 만나'를 먹는, 장애를 가진 '성인아이 성도'로 늙어간다. 이런 사람에게 주님의 계획인 인격성전은 신화가 되고 예배당인 건물을 성전으로 신봉하는

---

68) 이런 경우 딤전5:8절과 같은 구절에서 신앙의 절대적 가치를 갖는다.

69) 이 경우에 막10:29이나 마6:33절과 같은 구절에서 신앙의 가치를 갖는다.

70) 성경해석으로 인해 우리의 세계관이 바뀌기도 하지만 한 존재의 체질에 잠재되어 있거나 이미 형성된 세계관의 렌즈로 성경해석을 하는 경우도 많다. 우리의 해석의 이슈는 해석학과 같은 기능 이전에 각자 개인이 가진 삶과 인격과 같은 존재됨에 더 영향을 받는 문제이다.

미신자로 남게 된다.

혹 듣는 사람의 주체성이 강한 경우 '공감을 잃은 설교' 앞에서 내면적 딜레마를 겪게 되고, 머지않아 그는 "교회를 옮겨야 하나?"고 하는 은밀한 고민에 다다른다. 강단을 통해 은혜의 공급이 끊긴 지 오래이지만 그래도 묵묵히 교회에 버티는 이유는 '내 교회'에 대한 사랑인 경우보다 그간에 바친 물질, 헌신, 시간에 대한 보상심리 때문인 경우도 많다. 그러니 남아도 힘들고 떠나려니 본전 생각에 아쉬워 못 떠나고 혹 떠나고자 해도 또 마땅히 갈만 곳도 그리 없다. 이렇게 어쩔 수 없이 남으니 그곳에서 은혜가 될 리 만무하다.

교회가 온전히 세워지고 자신만의 역량을 발휘하려면 지역교회라는 터전 위에서 조우한 목회자와 성도 간에 신앙노선이 큰 틀에서 일치해야 한다. 그러기 위해선 지도자인 목회자가 먼저 주님이 자신을 부르고 세우신 목회 사명 앞에 바로 서야 한다. 목회자 한 개인에게 사명이란 큰 방향에서 하나이지 여러 개일 수는 없다. 모든 목회자들이 받는 목회 소명은 같지만 그것을 이루는 구체적인 방식은 다 다르다. 그런데 그 방식을 다른 목회자에게서 베껴오면 자신만이 주님께 부여받은 '목회의 권세'를 잃는다.

전장에 나가는 다윗은 자신의 삶에서 터득한 '물맷돌'로 나아갔지 남이 입던 갑옷을 입지 않았다. 우리는 종종 부흥된 교회 목회자의 갑옷을 빌려올 때가 많다. 목회자 개인의 목회철학이 분명해야 메시지도 투명해진다. 여기저기서 짜깁기한 설교가 아닌 내 목회철학에서 나온 분명한 메시지이어야 성령님이 '쎄'게 역사하신다. 혹 그것이 삼류 신학이고 개똥철학이라도 상관없다. 그래야 그 깃발을 보고 그 영적 유전자와 코드가 맞는 성도들이 거기에 모이고 헌신한다.

주님이 주신 '내 목회'를 하는 목사는 신학자 혹은 신학생과는 그 입장이 전혀 다르다. 후자는 성경과 신학을 통해 다양한 렌즈를 가져보고 그 속에서 보편적인 신학을 만들어 가야 하겠지만 교회를 건축해야 하는 목사의 입장은 전혀 다르다. 교회 목회자라면 보편적인 신학 안에 있는 자기만의 '내 신학'이 있어야 한다. 목회자의 '내 신앙고백'이 담긴 목회철학만큼 그 교회는 세상 위에 세워진다. 신학자는 신학자로서의 역할과 사명이 있고 목회자는 목회자만의 권이 있다. 남의 떡이 커 보인다고 목회자가 신학자 흉내를 내고 신학자가 목회자 역할을 하겠다고 하면 그는 자신만에게 주어진 '하늘의 권'의 빛을 잃는다.

목회자의 사명이 주님이 각자에게 주신 '내 것'으로 분명해야 그 설교자(헬, 앙겔로스)가 수종드는 교회에 성령 하나님이 들려주시는 음성이 명확해진다. 그래야 교회는 여기 가도 비슷하고 저기 가도 유사한 '그 나물에 그 밥'인 교회가 아니라 세상에 단 하나 밖에 없는 그 교회(the church)가 된다. 교회가 잘생긴 누구처럼 성형수술을 해 비슷비슷한 모습이 아니라 주님이 창조하신 '나다움의 모습'으로서 물맷돌을 갖춘 교회가 되어야만 교회는 세상에 빛을 드러낸다. 설교자가 자신만의 신앙관이 담긴 목회철학 위에 서 있지 못하면 그 깃발을 보고 모일 하나님 나라의 군대로서의 성도가 잉태될 수 없다. 주님의 교회는 성도 개인의 '내 고백' 위에서 세워진다.[71]

동일한 신앙관으로 모인 공동체가 혹 하나님 나라를 향해 흐르고 있는 당대의 필요와 만나게 되면 그 시대 앞에서 부흥으로 폭발한다. 예루살렘 교회는 기독론[72]으로 폭발했고 안디옥 교회는 선교론[73]으로 비상(飛上)했다. 비록 냉철한 신학자들의 도마 위에 올랐지만 한국의 경제발전의 흐름과 만난 성령의 섭리는 여의도에서 폭발했고, 소그룹 성경공부의 시대적 필요 속에서 시작한 제자훈련은 강남역에서 터졌다. 시대가 LTE 속도로 변해간다. 지나간 패러다임을 답습하는 것이 아닌 새시대에 청구되는 하나님 나라의 필요와 만나는 물맷돌을 가진 교회는 수많은 개척교회가 문

---

71) 마16:16

72) 행2:30~41, 예루살렘 교회의 설교자(앙겔로스)였던 베드로가 전한 메시지(십자가)와 그 당시 하나님 나라의 섭리였던 메시아의 당위성이 청중들의 필요와 만나 코이노니아를 이루었고 그 공감은 대부흥으로 폭발했다.

73) 행13:1~3

닿는 환란 속에서도 그가 가진 제 고유의 위치 안에서 성령님이 주시는 부흥의 파도를 맞게 될 것이다.

그러기 위해서 성령의 주도로 이루어지는 다락방의 기도와 더불어 교회가 준비해야 할 일이 있다. 이미 위에서 언급한 것처럼 말씀을 매개로 앙겔로스와 성도가 하나가 되고, 하나가 된 그 교회만의 깃발이 종말로 향하고 있는 그 시대의 몫으로 주어진 천국 백성의 필요를 채울 때에 부흥이 일어나기에 성경해석을 매개로 설교자와 성도가 소통을 넘어 공감의 코이노니아를 이루어야 한다. 설교가 단순히 '개인이 받는 은혜'의 측면을 넘어서는 중요한 이유이다.

설교자(앙겔로스)의 중요한 미션은 자신의 신앙관에서 나온 메시지를 통해 동일한 유전자와 고백을 가진 하나님의 사람들을 그 해석된 말씀으로 연합시키는 일이다. 이 사역을 잃은 교회는 종교 단체나 종교기관 정도로 그 영적 권세(the power of its level)가 격하된다. 따라서 교회가 교회답게 세워져 세상에 그 위용을 드러내려면 강단의 샘물이 마르면 안 된다. "목사님 설교가 통 은혜가 안 돼요!"라는 탄식의 메아리가 커져 간다면 이 일을 단순히 귀 비만증에 걸린 성도의 철없는 불평 정도로 가볍게 넘길 사안이 아닌 것이다.

# † 신학과 인문학의 이중 언어(bilingual)를 구비하라.
## – 카이(접속사) 영성을 가진 설교자가 절실한 시대

언어의 주 기능은 의사소통이다. 소통은 대화를 나누는 쌍방 간에 공감이 일어나야 발생된다. 공감은 서로의 마음이 맞거나 의견의 일치를 볼 때에 비로소 생긴다. 많은 이들이 대화한 것을 소통했다고 오해한다. 예를 들어 직장 상사가 회식자리에서 직원들 앞에서 자신이 하고 싶은 얘기를 잔뜩 늘어놓고서 귀가 차량에서 속으로 "아! 간만에 직원들과 회포를 풀었네"하고 뿌듯해할지 모른다. 그러나 이는 일방통행인 통보 혹은 독백이지 쌍방 간의 공감을 나눈 대화가 아닌 것이다.

소통의 바른 자세는 말하려고 하기보다 먼저 들으려고 하는 '경청'에 있다. 예배란 하나님과 그의 백성 간의 소통이다. 그리고 설교자는 그 사이에서 성경을 매개로 통역을 해주는 일종의 커뮤니케이션 텔러(communication teller)이다. 따라서 설교자의 중요한 준비는 하늘의 언어와 땅의 언어, 신학적 언어와 인문학적 언어, 영의 언어와 육의 언어 모두를 자유롭게 구사할 줄 아는 이중 언어(bilingual) 능력을 구비해야 한다. 그런데 대개 거룩한 울타리 안에서 꼭꼭 숨어 살아오신 목사님들은 대개 신학적 언어, 하늘의 언어, 영의 언어만 구사하실 가능성이 짙다. 또 그래야만 '목사답다'고 여기거나 목사를 만들어내는 신학교에서 땅의 언어, 인문학적 언어, 육의 언어 따위는 일체 가르쳐주지 않기 때문에 더욱 그렇다.

소통의 전제는 마음의 교류요 일치에 있다. 언어에는 우리가 각자의 의사를 표현하는 기호와 그 기호 안에 담겨 있는 인지(사고)가 있다. 말을 위해서 말을 하는 사람은 없다. 언어란 말하는 사람의 생각, 마음, 인지, 의사를 표현하는 도구이다. 즉 언어란 크게 언어의 씨앗이 되는 인지(사고)와 그것을 기호나 표현에 담은 말로 나누어진다. 소통이란 언어 이면에 담긴 언어를 사용하는 사람의 생각과 마음을 정확하게 인식할 때에 그 첫 단추가 열린다. 화자(話者)의 마음에 청자(聽者)의 마음이 공감되고, 전달자의 마음이 수용자에게 전달되어 일치될 때에 코이노니아가 일어난다. 일치까지는 아니더라도 상대의 진의를 이해만 해주어도 어느 정도의 소통은 일어난다.

소통을 위한 언어의 준비는 표현 언어만 아니라 그 속에 담긴 인지언어까지 해독(解讀)을 해야 한다. 성경은 하나님의 인지언어를 히브리인과 헬라인의 표현 언어에 담은 글이다. 그리고 구약과 신약의 표현 언어 속에는 유대인과 헬라인의 사고와 문화가 담겨 있다. 즉 우리가 성경을 읽기 위해서는 먼저 표현 언어인 히브리어와 헬라어 속에 담긴 인지언어로서의 히브리이즘과 헬레니즘을 해독해야 한다. 그리고 그들만의 독특한 문화와 사고라는 표현양식 속에 담긴 하늘의 언어를 발굴해야 하는 이중적인 작업이다. 인간의 언어와 영의 언어를 동시에 다루지 않으면 캐낼 수 없는 보화가 바로 설교의 작업이다.

헬라어의 접속사 중에 '카이'가 있다. 앞(단어, 문장, 단락)과 뒤를 대등하게 연결하는 접속사이다. 접속사 '카이'처럼 설교자는 하늘과 땅을 연결하고, 교회와 세상을 이어주고, 사람과 사람의 관계를 열어주고, 신학과 인문학을 호환해야 하는 사명을 가진 자이다. 이러한 '카이'의 영성을 분실하면 강단의 우물은 고갈되고 말씀의 샘물은 메마른다. 성경은 우리의 착각처럼 신학적 용어가 아닌 히브리어와 헬라어로 쓰였다. 그것을 우리말과 우리 시대의 언어로 바꾸어 내지 못하면 '로고스의 율법'은 의문에 싸인 '노모스의 율법'으로 바뀌어 자칫 사람을 살리는 기능보다 그 반대의 역기능을 할 수 있다.

신학과 인문학은 각각 표현언어로 성경에 담겨있는 하나님의 사랑을 표현하는 수단에 불과하다. 신학에 이데올로기를 넣어 신학은 거룩하고 인문학은 세속적이다고 생각하는 것은 낮은 인식의 소치다. 물론 신학이 주로 하나님에 대한 일을 다루기 때문에 거룩한 도구로 사용될 여지가 많은 건 사실이다. 그렇다고 신학 자체가 거룩한 것은 아니다. 수단에 불과한 신학을 그 자체로 거룩한 양 신봉하는 것은 마치 율법을 주신 하나님의 의도인 사랑을 잃고 그 규례만 열심히 지킨 현대판 유대인이 될 뿐이다. 신학이든 인문학이든 그 속에 무엇이 들어 있는가를 확인하는 일이 더 중요하다.

하나님의 영광을 드러내야 할 수단인 신학이 오히려 인간의 기득권 유지와 정치적 용도로 사용된다면 이는 거룩의 선을 벗어난 것이며 제자도에선 배설물처럼 버려야 할 일이다. 반대로 하나님의 살아계심을 드러내는 수단으로 사용된다면 인문학도 거룩한 언어가 될 수 있다. 어떤 형태의 언어이든 그 표현 언어 속에 복음이 담겨 있고 주의 사랑이 들어 있다면 이는 거룩한 언어가 된다. 그림이든, 음악이든, 영상이든, 무용이든, 글이든 그것이 혹 주님의 영광을 드러내는 일에 사용된다면 이는 거룩한 수단이 된다.

위에서 말한 '카이 영성'을 갖고 사는 이에게 언어로서의 신학과 인문학은 그리스도의 사랑을 증거하는 거룩한 도구가 된다. 다시 말하지만 성경의 언어는 신학적 언어로 표현되지 않았다. 사고와 문화를 가진 인간의 언어로 쓰였을 뿐이다. 다만 성경이기에 신학적 조명을 주로 해왔을 뿐이다. 우리는 얼마든지 성경에 담긴 인지를 인문학이나 다른 표현 언어로 드러낼 수 있다. 다만 그럴만한 역량이 우리에게 없을 뿐이지.

전과서의 후예인 우리들은 신학교에서 주로 표현언어로서의 신학만을 닦아 왔다. 하나님의 마음을 모르면 아무리 최고 학문으로서의 성경해석학을 해도 성경이 읽히질 않는다. 아무리 성경의 원문을 공부해도 그 속에 담긴 인지언어를 담지하지 못하면 성령의 언어로서 성경을 해석하지 못하고 설교시간에 히브리어, 헬라어 문법만 쏟아낼 수 있다. 신학도 마찬가지이다. 목회자들은 당연히 신학을 배워야 한다. 성경을 표현할 수 있는 언어라면 다양하게 습득해야 좋다. 문제는 오롯이 신학만 하기에 발생된다. 그것도 과정이 빠진 결과물만을 암기한 기호물로서의 신학만을 말이다.

비록 본 과의 주제가 성도 입장에서의 고민이지만 이는 설교자와 청중 모두의 문제이므로 먼저 설교자로서 내 자신의 문제가 무엇인지 되돌아보는 입장으로 고백해 보았다. 그래서 옛말에 그런 말이 있었나 보다. "한 손엔 성경을, 다른 손엔 신문을 가져야 한다" 이중언어인 바이링구얼로 살아간다는 것은 말만큼 쉽지 않은 일이다. 그러나 주님의 부름을 받았다면 그래야 하는 당위성 앞에 설교자는 무릎을 꿇어야 한다. 더구나 "목사님 설교가 귀에 안 들어와요"하고 괴로워하는 성도들이 늘어나고 '예배견디기'를 하며 '마당만 밟고 가는 주의 백성'이 늘어나는 현실 앞에서 무책임하게 있을 수만은 없다.

한 번은 설교시간마다 조는 성도가 있기에 참다못해 어느 날은 깨웠단다. 왜 자꾸 설교시간에 자냐고 물으니 그의 대답이 가관이다. "목사님이 재워놓고 왜 그러세요?" 언어가 약하면 기도로 영빨이라도 키워야한다. 바울과 같은 석학만 아니라 베드로 같은 촌놈의 투박한 언어에도 성령이 역사하시니까 한 번 설교에 수천 명이 감동을 받고 회개를 했지 않은가? '바이링구얼'의 기능 못지않게 설교자에게 중요한 일은 설교 준비를 무릎으로 채우는 일이다.

.

"주여! 카이 영성을 가진 설교자로 세워주소서.

그리고 무릎으로 설교 시간을 채우게 하소서"

.

## † 귀있는 자는 성령의 음성을 들으라.

### - 듣기 위한 말씀인가? 살기 위한 말씀인가?

이제 소통의 한 주체로서 쌍방의 다른 축인 성도에게 본과에 맞는 처방을 내려 보자. 설교가 안 들리고 개인적으로 은혜가 되지 않는 경우를 따져보고 나는 어느 축에 속하는지 먼저 점검해보자.

① 목사님의 목회 방향과 내 신앙관의 길이 다르기 때문에

② 목사님과의 관계가 안 좋아서

③ 강단의 설교가 내 삶의 현실과 관련이 없거나

　또는 삶에 도움이 안 되어서

④ 목사님의 설교가 어렵고 이해가 잘 안 되어서

⑤ 목사님의 설교가 진부해서

⑥ 목사님의 설교가 성경과 관련성이 없어서

⑦ 목사님의 설교가 너무 신학적이라서

⑧ 내 귀가 수많은 정보 습득으로 비만해져서

⑨ 설교자의 시간과 내 시간의 질량이 달라서

⑩ 설교가 너무 가벼워서(소위 말하는 깊이가 없어서)

청중의 입장에서 설교에 은혜를 받지 못하는 이유야 다양하겠지
만 중요한 것은 '설교의 존재이유'이다. 설교는 청중 한 사람 한 사
람의 귀를 즐겁게 하기 위해 존재하지 않는다. 물론 이왕이면 다
홍치마라고 듣기 좋고 재미까지 있으면 나쁠 게 뭐 있겠냐마는 설
교의 중요한 본질은 주어진 메시지의 코아(핵심)를 통해 그 말씀
대로 사는 것에 있다. 그러니 메시지를 전달하는 앙겔로스와 그것
을 듣고 따라야 하는 성도가 가진 신앙의 절대가 다르면 다시 말
해 신앙노선이 다르면 문제가 된다. 위의 ①번의 문제는 나머지
9개의 유형과는 성격이 전혀 다른 문제이다. 설교[74]를 듣는 주된

---

74) 설교는 성경읽기가 아니라 성경에 대한 설교자 개인의 성경해석이다. 전하는 자
의 해석과 그것을 듣는 이의 해석이 일치할 때에 소위 말하는 은혜가 생긴다. 그
런데 성경해석은 그 해석자의 신앙노선에 따라 같은 구절이라도 전혀 다른 방향
을 향하게 된다.

이유는 그 말씀의 방향대로 살아가기 위해서이다. 그런데 주어진 말씀의 방향대로 자신의 삶을 산제물로 투척해야 하는 성도가 목회자와 신앙노선이 다르면 단순히 "설교가 은혜 안 된다"만의 문제가 아닌 것이다.

그 외에 나머지 9개의 원인을 가진 사람은 교회를 옮긴다고 해도 특별한 경우를 제외하고는 '설교에 은혜 못 받는 문제'가 해결되지 않는다. 이는 청중이 개인적으로 더 성장해야 할 이슈인 동시에 사회구조 전체의 문제이기 때문에 교계 전체의 시간이 성화되어야 할 성격의 문제이지 설교자만 바꾼다고 풀릴 문제가 아니다. 혹 옮겨서 설교시간이 조금 덜 지겨울 수는 있어도 그 말씀을 내 삶에 담아 변화된 삶을 사느냐의 관점에선 큰 차이가 없다. 그럴 거 같으면 철새교인들은 진작에 가나안 땅을 홀로 전세 냈을 게다. 우리가 먹는 게 다 피와 살로 가는 영양분이 되지는 않는다. 어떤 것들은 비만의 재료가 된다. 설교도 그렇다. 우리가 살아갈 만큼의 영양분이 아닌 것들은 영의 내장지방에 끼거나 삶의 피하지방에 축적되어 우리를 교만하게 만들 뿐이다.

내 귀에 착착 감기는 '좋은 설교'를 바라는 성도에게 줄 수 있는 가장 바람직한 처방은 설교를 듣기 이전에 스스로 성경을 가지고 하나님과 충분한 인격적인 교제를 나눌 수 있는 사람으로 자라나라는 것이다. '설교 의존도'가 낮아져야 성숙의 지평이 열린다. 이는 설교의 중요도가 낮다는 말이 아니라 개인적으로 설교만 의지하여 살게 되면 영적 건강에 좋지 못한 영향을 받게 된다는 의미이다. 장성한 자녀가 시집을 가서 엄마만큼의 솜씨는 아니지만 제 스스로 음식을 하다가 이따금씩 공수해 오는 친정 엄마의 음식으로 식탁이 더 풍성해지는 것과 아예 손을 놓고 친정 엄마만을 기다리는 것과는 분명 차이가 있다. 성도는 우유만 아니라 성장 정도에 따라 단단한 음식도 먹어야만 한다. 하나님은 나와 개인적인 관계를 가지실 때에 설교자를 통해서가 아니라 나와 직접 관계 맺기를 기뻐하신다.

유대인들에게 중요한 신학적 테마 중에 하나가 '쉐마'이다. "들으라, 이스라엘아!"의 의미는 헬라 철학에 영향을 받은 서구 분석처럼 단순히 '들으라'만의 의미가 아니다. 이 '쉐마'에는 'listen and act(듣고 행하라)'라고 하는 독특한 영성이 들어 있다. 즉 "들으라"에는 "행하라"가 포함되어 있다. 하나님의 음성을 듣게 되면 진짜 행하게 된다는 의미를 담고 있다. 우리가 하나님의 음성을 듣는 이유에는 마치 클래식 음악을 그냥 들어보는 것과는 다른 당위성이 있다. 우리에게 주신 그 말씀대로 살아가기 위해서 그분의 말씀을 듣는 것이다.

광야에서 이스라엘이 먹은 생명의 양식인 만나의 신비는 이것을 증언한다. 비같이 내려온 그 만나를 주님의 명령에서 벗어나 마음껏 주워 비축하면 하루치 분을 제외한 모든 것은 썩어 버렸다. 보장되지 않은 내일의 염려 때문에 할 수만 있으면 손을 뻗어 며칠

분이고 비축하고 싶었지만 그럴 때마다 허사였다. 그날 먹을 분의 몫으로만 갖도록 허용된 것이 만나이다. 말씀이 이와 같다. 말씀은 살기 위해서 주어지지 듣고 귀에 비축하기 위함이 아닌 것이다. 유명한 분의 설교를 들어 관념의 창고를 채우고 잘 나가는 강사의 설교로 내 머리를 채워보아야 내가 오늘 살 수 있는 삶의 분량 이외의 것은 남을 판단하고 내 우월감의 만족을 채우는 것으로 썩어버린다.

주님이 교회에 세우신 앙겔로스(설교자)를 통해 들레시는 성령의 음성이 내 귀에 잘 들리지 않는 이유가 내 안에 가득 찬 거품 때문인지도 모른다. 내가 살아낼 수 있는 분량의 선을 넘어 내 욕심으로 지식을 비축한 결과로 생긴 거품만큼 주님이 허락하신 '내 교회'에서 나는 방황을 하게 된다. '과유불급'의 원인으로 설교가 안 들린다면 이는 고난이라는 쓰디쓴 약을 먹어야 되는 문제이다. 화초에 물을 너무 많이 주어도 탈이 나는 경우와 같이 설교나 강의를 너무 많이 들어 귀가 비만을 넘어 교만해진 경우에는 다시 자기 자리로 돌아가는 길 외에는 다른 방책이 없다. 그 돌아가는 길목에서 나타나는 현상으로서 "설교가 은혜가 안 돼요"는 미안하지만 별다른 처방이 없다. 그 거품이 빠질 때까지 계속해서 은혜가 안 되는 수밖에…

설교자나 그것을 듣는 청중 사이에 말씀으로 소통이 쉽게 일어나지 않지만 이 송출의 방송국이신 하나님은 자신을 계시하시기에 조금도 부족함이 없으신 분이라는 점에 우리는 주목해야 한다. 듣는 사람의 귀가 어두우면 주님은 당나귀의 입을 열어서도 말씀하신다. 물론 이 본문이 하나님 음성듣기의 보편적 원리를 제시하는 것은 아니지만 주님은 자신의 음성을 우리에게 들려주시는 것에 있어 전능하시고 자상하신 것을 보여준다. 우리 교회의 목사님이 혹 언어의 은사가 없어 설교시간이 좀 지루한 것처럼 느껴져도 상관없다. 우리 교회의 성도들의 귀가 고급이고 좀 비만이 있어도 괜찮다. 우리 주님은 그러한 우리의 한계에 제한을 받지 않으시고 우리에게 꼭 말씀하셔야 할 일이 있으면 무슨 방법을 동원해서라도 우리 귀에 자신의 뜻을 전달하신다.

사무엘은 그 좋은 예이다. 하나님의 음성이 희귀한 때에 한 번도 그분의 음성을 들은 적이 없었던 사무엘을 주님이 부르셨다. 주님은 한 번만 말씀하시고 못 들으면 '땡'하시는 그런 분이 아니시다. 우리가 알아들을 때까지 몇 번이고 반복해서 말씀하신다. 사무엘이 자신을 부르시는 주님의 음성을 알게 된 것은 전혀 영적이지 않았던 엘리 제사장을 통해서이다. '썩어도 준치'라는 말처럼 제사장 엘리는 사무엘을 부르는 그 음성이 여호와에게서 온 것임을 알아챘다.

전능하신 하나님은 엘리 제사장과 같이 영적으로 둔한 사람을 통해 일하실 때에도 전혀 제한을 받지 않으신다. 우리 교회의 목사님이 엘리 제사장만 못하다고 속단하지 말라. 내가 사무엘 정도가 되는 것도 아니면서 말이다. 하나님은 살아계신다. 그분은 내 수준에 미달되는 목회자를 주신 적이 없으시다. 설교자와 청중 간에 표현 언어의 수준차가 있을 수는 있어도 인지언어의 격차가 없는 선에서 주님은 우리를 인도하신다. 내가 혹 우리 목사님의 설교에 힘들어한다면 이는 표현언어 때문이지 결코 인지 때문이 아니다. 여기서 인지는 지식이 아닌 삶의 리얼리티를 담은 인격을 말한다.

"설교가 은혜가 안 된다"는 불만의 배경에는 설교자의 수준이 그것을 듣는 청자의 수준에 미치지 못한다는 의미도 내포되어 있다. 그렇다면 이러한 불만을 잔뜩 가진 청자의 귀에 A학점이 되는 소위 '은혜로운 설교'는 얼마나 수준이 높은 것일까? 이러한 비유로 이 질문에 답해보고자 한다. A교회의 설교에서 은혜를 받지 못한 성도 하나가 설교 하나만큼은 뒤지지 않는다는 B교회로 옮겼다. 과연 A교회와는 달리 예배시간이 지루하지 않았다. 최소한 처음 1년은 그랬다. '하루가 천년' 같았던 먼저 교회의 설교와는 달리 '천년이 하루' 같은 설교였다.

그렇다면 진정 이 두 교회 설교자의 차이는 어디에서 비롯된 것일까? 비유로 표현한 두 교회 모두 실존하는 교회이고 이 교회의 설교자 모두를 개인적으로 알고 있다. 사석에서 목격한 이 두 설교자의 삶의 질량에는 큰 차이가 없었다. 다시 말해 설교가 뛰어난 B교회 목회자가 A교회의 설교자보다 삶의 인격이 출중한 것이 결코 아니란 말이다. 다만 B교회의 설교자가 '교사의 은사'가 있어 설교를 좀 잘한다는 것뿐이었다. 좀 더 리얼한 말로 표현하자면 B교회의 목사가 말을 더 잘 하는 것이지 삶의 수준이 더 고매한 것이 아니란 것이다.

하나님은 결코 인격수준이 다른 선에서 목회자와 성도를 한 교회로 묶어주시지 않는다. 대개 삶의 질량이 엇비슷한 사람들끼리 한 교회(모임)를 이룬다. 목회자의 수준은 항상 그와 연결되어 있는 성도들의 수준과 비례한다. 안식년 때에 교회 탐방을 한 적이 있었다. 한 번은 설교로 유명한 교회를 갔었는데 예배 안내위원들이 인상적(?)이었다. 예배당에 들어오는 사람들을 향해 먼발치에서 손가락으로 가야할 방향을 제시하였다. 리모컨을 하나 쥐어주면 좋아할 것 같았다. 명설교가로 알려진 이 목사님은 설교로는 유명하지만 그분의 인품이 훌륭하다고 하는 사람은 보질 못했다. 오히려 샤프하다 못해 한 성질한다고 들었다. 샤프한만큼 성경을 보는 눈이 예리했지만 성품도 그랬다.

그 교회에서 사역을 했던 교역자에게서 들은 정보에 의하면 그 목사님은 타고난 설교자란다. 언젠가 수요예배 때 운동을 하시고 시간이 늦어 땀에 젖은 채로 후다닥 강단에 올라가 설교를 하셨는데도 설교 준비를 많이 하는 자신보다 탁월하게 설교를 마치셨단다. 그러니 그분의 명성이 자자하지 싶었다. 그분을 통해 확증을 한 것이 있다. 대중들이 설교에 은혜를 받는 코드는 설교자의 인격이 아니라 설교자의 언어 실력이라는 것을 말이다. 하나님은 공평하시다. 한 목회자에게 언어와 인품 모두를 주시지 않나보다.

사실 개신교에서 헤게머니(Hegemony)를 가진 지도자들은 성숙한 인품의 소유자가 아닌 말 잘하고 노래 잘하는 경우가 더 많은 것 같다. 전에 사역했던 교회에 새로 찬양 인도자가 부임했다. 큰 교회 찬양 인도자를 거쳐 온 그는 역시나 인도 솜씨가 남달랐다고 한다. 그런데 싱글이었던 그가 교회 자매 하나에게 대시를 했나보다. 그런데 그 과정에서 매너에 어긋나는 행동을 했나보다. 그 자매가 나중에 그 사역자를 향해 육두문자에 가까운 '애굽방언'을 했단다. 그 자매를 지도해봐서 아는데 그런 언어를 쓸 교양의 자매는 아니었다. 그 사역자는 찬양 솜씨 때문에 유명한 교회에 잘 들어가지만 인격적 결함 때문에 대개 1년을 못 채우고 사역지를 떠났다. 그런데 그런 그와 근거리에서 만날 일이 없는, 이따금씩 앞에선 그의 찬양을 듣는 이들은 이쪽에 은사가 없는 타 인도자보다 그런 그가 훨씬 은혜가 될 것이다.

성격하고 그림 잘 그리는 것하고는 아무런 상관이 없다. 인격이 개차반이라도 글을 얼마든지 잘 쓸 수 있다. 성숙하지 않아도 얼마든지 최고의 바이올리니스트가 될 수 있다. 은사는 그냥 타고나는 것이기 때문이다. 인격이 갖추어져야만 노래를 잘 하는 것이 아니다. 설교도 인격과 별 상관이 없다. '교사의 은사'를 가진 사람은 무엇을 전달하는 능력이 탁월하다. 똑같은 것을 설명해도 이해하기 쉽도록 한다. 같은 말도 화려하게 할 수 있다. 하지만 목회자라고 해서 모두가 이 은사를 가진 것은 아니다. 그런데 대중들의 귀는 정직해서 이러한 은사를 가진 설교자를 좋아한다. 아니 우러러 본다. 그러나 우리가 여기에서 집고 넘어갈 것이 있다. 우리가 설교를 매개로 "은혜가 되느니 안 되느니"하는 것은 어디까지나 표현양식 때문이지 결단코 삶의 질량 때문이 아니다.

대중이 설교자를 바꿀 수는 없다. 회중으로서 내가 바꿀 수 있는 것을 바꾸는 것이 지혜로운 처사다. 은혜가 안 되었던 설교에 은혜를 받고 싶다면 전달자의 표현 속에 담긴 인지를 담지하는 논술훈련과 담지한 그 인지대로 살려고 하는 '쉐마영성'을 배양하는 삶을 위해 기도해야 할 것이다. 아직 말이 안 터진 두 살배기 아들의 말을 아내는 척척 알아듣는다. 그를 향한 관심과 사랑이 남다르기 때문이다. 전달자나 수용자가 서로 성령의 끈인 사랑으로 묶여 공동체가 된다면 커뮤니케이션의 문화적 수단이 좀 거시기 해도 성령으로 소통하게 될 것이다.

·

"주여, 표현언어를 뛰어넘는 만국 공통어인
사랑의 언어로 설교하고, 성령의 언어로 설교를 듣는
교회가 되게 하소서"

·

## 잠시 쉬어가기

### ::: 복된 입, 복된 귀를 위한 제언

설교자에게 설교의 주된 기능은 신의 음성을 대언(代言)하는 일
이다.

단순히 삶의 도움을 주는 강의 정도가 아닌 것이다.

더구나 덕담이나 만담은 아니어야 한다.

설교자는 하늘의 소리를 들레야 한다.

그러기 위해서는 이 일에 대한 하늘의 부름이 있어야 한다.

신적 위임이 없이 인간의 시스템에서 이 분야의 이론을 수료했다고
결코 신의 대언자가 될 수는 없다.

신학과 인문학적 소양을 겸비하는 일은 설교자로서 갖추어야 할 최
소한의 양식이다.

그리고 그 위에 성령의 기름부으심이 있도록 무릎을 세우는 것은
설교자의 의무이다.

일주일에도 몇 편이 훨씬 넘는 설교를 성도가 듣는 이유는 하늘의

소리를 듣기 위함이다.

하늘에서 난 신의 음성을 들으려면 귀가 열려야 한다.

믿음의 눈과 믿음의 귀가 열리려면 성령님의 조명하심이 있어야 한다. 눈과 귀가 열리면 지나가는 비자(婢子)의 푸념에서도 주님의 섭리를 담지한다.

하나님은 우리 모두에게 자신을 계시하시기에 조금도 부족함이 없으신 분이다.

듣는 자가 강퍅하면 당나귀 입을 통해서도 그분의 음성을 들려주신다. 혹 언어가 세련되지 못하신 분이라도 목사님을 통해 하나님이 나에게 말씀하시기란 그리 어려운 일이 아니다.

성령님이 우리 각자의 교회에 들레어주시는 음성을 듣는 것은 내 책임이다.

# 7과

·

# 교회를 옮기고 싶어요!

‖ '새 교회 찾기'의 문제인가?
'지금 있는 곳의 연약 끌어안기'의 문제인가? ‖

·

† 성도가 교회를 떠나고 싶어질 때
  – 마르다 신드롬을 넘어 요나 신드롬까지 가버린 성도

† '새로운 내 교회' 찾기냐? '지금 내 교회의 연약' 끌어안기냐?
  – 교회의 언약과 연약 사이에서

† 교회를 옮기고 싶은 마음속의 이유를 점검해보라.
  – 섬기는 지역교회를 굳이 바꿀 수밖에 없는 당위성

† 세상에서 가장 좋은 교회로서의 '내 교회'를 확인하라.
  – 나에게 배정된 교회 찾기 또는 확인하기

·

# 7과

## 교회를 옮기고 싶어요!

‖‘새 교회 찾기’의 문제인가?
‘지금 있는 곳의 연약 끌어안기’의 문제인가?‖

† 성도가 교회를 떠나고 싶어질 때

   – 마르다 신드롬을 넘어 요나 신드롬까지 가버린 성도

영화음악으로 더 유명한 ‘남자가 여자를 사랑할 때(When A man loves A woman)’라는 영화가 있다. 알코올 중독자가 된 와이프에게 헌신적인 사랑을 쏟아 아내의 병을 치유하게 되는 로맨스를 그린 영화인데 한 때 한국 남성들에게 가장 인기 있었던 헐리우드 배우 ‘맥 라이언’이 여주인공으로 나온다. 요즈음 신앙생활을 하는 우리에게 흔히 발견되는 신앙 OST중 하나가 ‘성도가 교회를 떠나고 싶을 때(When A man leaves A church)’인 것 같다. 적지 않은 성도들이 종종 상담을 하러 찾아왔는데 그중 많은 경우가 이 고민을 갖고 왔다. 대개 이 고민을 가진 사람은 초신자가 아니고 열의 아홉은 신앙생활을 한 지 꽤 되는 분들이다. 본과의 결론을 먼저 말하자면 이런 딜레마에 빠진 경우는 둘 중의 하나이다.[75] 누구나 한 번쯤은 예외 없이 거쳐야 하는 영적인 권태기에 빠진 것이거나 영적인 성장을 위해 다른 곳으로 가야 하는 경우 중의 하나이다.

아무리 절세의 미인과 결혼을 해도 그렇고 최고의 레스토랑에 가더라도 그렇다. 하루 이틀도 아니고 매일, 몇 년을 넘어 몇 십 년을 한 사람과 살고 한 곳의 식당에 가서 밥을 먹으면 물리다 못해 질린다. 메뉴가 새로워지고 음식이 업그레이드되어야 하듯이 사람도 그렇다. 복음으로 날마다 새로워져 새사람을 입어야 그 사람은 물리지 않는다. 교회도 다르지 않다. 무언가가 새로워지려면 그 속에서 시간이 계속 흘러가야 한다. 그런데 문제는 시간이 우리의 기대만큼 흐르지 않는다는 데에 있다. 식당도, 사람도, 교회도 모두…. 그 메뉴가 다 그 메뉴고, 사람도 다 거기서 거기고, 교회도 대개 그 나물에 그 밥이다. 그러니 교회 딜레마에 빠졌어도 쉽사리 교회를 옮기지 못하는 이유 중에 하나는 옮긴다고 해도 마땅히 갈만한 교회가 없어서이기도 하다.

일반적으로 교회에 가기 싫어지는 유형에는 크게 몇 가지가 있다.

---

75) 개인의 문제인가? 공동체의 문제인가? 이 둘 중에 어디에 속하는지 분별해야 한다.

교회 안에서 맺은 관계에 상처를 입었거나, 개인적인 실패로 생긴 상대적 박탈감 때문이거나, 교회지도자가 배설한 부정으로 인해 시험에 들었거나, 교회의 시간이 정체되어서 자신의 영적성장에 불만족을 갖게 되거나, 성도가 영적으로 비만해져 설교로 귀를 즐기려는 경우이거나 마지막으로 강단의 설교가 자신과 맞지 않아 은혜가 안 되는 경우라 하겠다. 이러한 시험의 유형과 더불어 시험에 든 사람의 성향에 따라서 그 처방은 조금씩 달라진다. 그러나 큰 틀에서의 처방 원리는 동일하다. 시험의 원인이 성도 자신에게 있는 것인지 아니면 교회에 있는 것인지를 찾아내야 한다. 즉 '내 교회 연약 끌어안기'의 문제인지 아니면 새로운 공동체로서 '내 교회 찾기'의 문제인지를 분별해야 한다.

우리나라 성도들은 대개 "교회를 옮겨야 하나요?"라는 질문 자체를 불경스럽게 여기는 경향이 있다. 알고 지내던 성도 한 분은 30년 넘게 다니던 교회에 새로 부임한 목사님의 경영 리더십에 시험이 들었다. 개인적으로 드는 회의감 때문에 교회생활까지 힘들어졌다. 그러면서 자신의 심중에 자연스럽게 드는 "교회를 옮겨야 하나요?"라는 물음표를 비신앙적 행태로 여기며 아예 이러한 질문이 올라오는 것 자체를 꼭꼭 누르고 있었다. 더욱이 그러한 생각이 '믿음 없는 짓'이라며 타이르는 가족들의 권유로 인해 자아비판마저 하고 있었다.

성령의 감동과 양심의 가책, 주체적 선택의 자유와 종교심으로 인한 수동적 자세를 분별하지 못하면 우리는 종교 메커니즘 안에 갇히고 만다. 물론 철새교인이 되어 주기적으로 교회를 옮겨 다니는 일은 지양해야 하겠지만 맹목적 신앙인이 되어서 하나님의 뜻과 상관없는 헌신을 하는 일 역시 피해야 한다. 하나님은 성도를 위해 교회를 세우셨지 교회를 위해 성도를 만들지 않으셨다. 교회만 아니라 목회자도 엄밀히 말하자면 성도를 위해 존재한다. 좀 더 구체적으로 말하자면 성도의 성장을 위해서 말이다.[76]

교회에서 만일 성도의 영적인 성장이 정체되거나 멈추었다면 그 이유가 무엇인지 그 배후를 살피는 것은 매우 당연한 일이다. 성도 스스로 "교회를 떠나면 안 돼"라고 최면을 걸거나 교회의 이동을 마치 배교행위인 냥 분위기를 조장하는 것도 바람직하지 않은 행동들이다. 교회에서 갈등을 겪고 있다면 마땅히 그 원인이 무엇인지 성령님께 묻고 질문할 권리가 있다. 이 질문을 거치고 나와야 혹 남게 되더라도 '어쩔 수 없이 남는 교회'가 아닌 '남고 싶은 교회'로 발전돼 지속되는 교회의 갈등 앞에 흔들리지 않을 수 있다.[77]

---

76) 엡4:11~12

77) 어떤 교회나 지상에 있는 교회에는 거기만의 문제가 있다. 그리고 우리가 죽을 때까지 교회 안에서 문제(지속성)를 보게 된다. 따라서 문제가 없는 교회를 찾을 수는 없고 그 문제 앞에서 그것을 큰 문제로 인식하지 않을 수 있는 영적 백신을 갖고 있느냐의 문제만 남는다.

보통 교회의 헌신자 그룹 안에서 시험에 드는 경우는 '마리아, 마르다 자매'의 이야기[78]처럼 공급(input)과 수요(output)의 불균형에서 그 원인이 기인된다. 하나님께 받은 것보다 과잉되어 헌신이 출력되면 반드시 탈진(burn out) 현상이 일어난다. 마르다 증후군에 빠지면 처음엔 좋은 의도로 시작된 교회의 봉사가 점차 불평을 낳기 시작한다. 남과 비교하게 되고 자신의 헌신에 대해 생색을 내며 자기 생각만큼 그 헌신의 환급(pay back)이 주어지지 않으면 제풀에 시험에 든다. 마르다 증후군은 이내 요나 신드롬으로 번져 주님이 주신 사명의 현장 반대 방향으로 도망치기에 이른다. 요나의 행적을 잘 담아낸 히브리 동사가 바로 '내려가다'[79]이다. 주님께 자신의 처지를 '불평'한 사역자는 이내 교회로부터 '내려가는' 시도를 하기에 이른다. 그렇기에 헌신자의 "교회를 옮기고 싶어요!"라는 탄식이 혹 이 '야라드'에서 기인된 것이 아닌지 먼저 확인해볼 필요가 있다.

성도가 자신의 연약으로 인해 받은 관계의 상처나 개인사에서 겪는 열등감으로 인한 대인 기피증은 아무리 교회를 옮겨봐야 해결되지 않는 자기 자신과의 싸움이므로 이것은 공동체 문제가 아니

---

78) 눅10:38~42

79) '히, 야라드'인 '내려가다'는 사명의 자리를 박차고 도망간 행적의 묘사이다. 요나는 다시스로 내려갔고, 배 밑으로 내려갔고, 심지어 물고기 뱃속으로 내려갔다. 이는 믿음의 방향 위에 서있는 것의 표현으로 사용된 '올라가다(알라)'의 대칭되는 단어이기도 하다.

라 개인의 문제이다. 성도가 혹 머지않은 미래에 사역자가 되거나 특수 사역을 해야 하는 경우에 주님은 그 준비를 위해 그를 있던 곳에서 나오게 하시는데 만일에 그가 나와야 할 그곳에서 꿈적도 안 하고 있으면 나오게 하시는 방편으로 '관계의 충돌'을 사용하시기도 한다.

하나님은 우리가 경험하는 삶의 사건들을 통해 우리를 찾아오신다. 비록 인간적 연약으로 인한 시험일지라도 그것을 통한 그분의 섭리는 우리로 있던 곳에서 떠나 새로운 각자의 길로 들어서게 하는 일인 경우가 종종 있다. 우리가 매우 완고하거나 혹은 우유부단한 경우 주님은 그런 우리를 움직이게 하시기 위해서 강력한 사건을 허락하시기도 한다. 강퍅한 이스라엘을 섭리의 길로 인도하시기 위한 사건이 뒤에서 쫓아오는 애굽의 병력이었다. 신기하지 않은가? 이집트의 기동 타격대가 아이부터 노인까지 걸어가는 이스라엘을 못 잡고 일정거리를 유지하며 뒤꽁무니만 쫓았다는 사실이. 암튼 그들은 추격자로 인해 홍해를 향해 발걸음을 재촉해야만 했다. 주님은 우리의 인생 광야에서 불기둥, 구름기둥으로 머물게 하시기도 하고 떠나게도 만드신다.

# † '새로운 내 교회' 찾기냐?
## '지금 내 교회의 연약' 끌어안기냐?
### – 교회의 언약과 연약 사이에서

한 지역교회의 시작은 그 교회를 개척한 누군가에 의해 발생되지만 그 배후에는 반드시 교회의 설계자이자 창시자이신 하나님의 손길이 있다. 비록 66권의 책으로 된 성경이 사람들의 손에 의해 쓰였지만 이는 성령 하나님의 전적인 주권과 간섭이 들어 있다.[80] 그래서 성경의 본 저자는 사람이 아닌 하나님이다. 교회도 이와 비슷하다. 비록 하나님이 선택하고 사용하신 사람들의 손에 의해 세워졌지만 이는 하나님의 전적인 간섭 속에서 행해진 것이다. 그래서 교회에는 동전의 앞뒷면과 같은 양면성이 있다. 하나님의 손길이 묻은 면에 보이는 신적 요소와 그 이면에 인간의 손때가 묻은 인간적 요소가 있다. 그래서 교회의 이편에는 창조주가 주신 언약이 있고 언약 저편에는 인간이 배설해내는 연약이 있다. 이러한 교회의 언약과 연약은 각각의 빛과 그림자가 되어 우리를 맞이한다.

은혜의 눈으로 그곳의 언약이 보이면 아무리 보잘것없어 보이는 작은 동산의 교회라도 귀하게 보이지만 육안의 계산기에 비쳐진

---

80) 벧후1:23

그곳의 연약은 높은 산에 있는 화려한 교회라도 추잡하고 비루해 보인다. 언약의 눈으로 교회를 바라보던 이가 그 시야를 잃고 연약의 눈으로 교회를 응시하는 순간 교회는 강도의 굴혈로 비쳐진다. 왜 이런 말이 있지 않은가? "돼지 눈에는 돼지만 보이고, 부처님의 눈에는 부처님만 보인다" 그 언어의 인지는 이렇다. "사물은 그 사물을 보는 존재의 질량만큼 보인다" 불교의 예를 들어 혹 '불경죄'나 '괘씸죄'의 고소를 당하기 전에 이 말을 얼른 개신교 용어로 환언해보자. "내 안에 있는 하나님의 형상이 회복된 만큼 내 이웃 안에 있는 하나님의 형상을 볼 수 있게 된다" 따라서 이웃을 사랑하는 만큼이 하나님을 사랑하는 정도이며 상대적 약자에게 대하는 리얼한 내 태도가 진짜 내 영성이다. 왜냐하면 인간 속에 계신 하나님을 볼 수 있는 영성이 진짜 영성이기 때문이다.

지상의 교회는 완전하지 않다. 교회는 사람이 모인 모임이기에 건물이나 조직이 아니라 사람이다. 연약하고 불완전하기에 사람은 사랑할 대상이지 의지하거나 신뢰할 대상은 아니다. 교회가 그렇다. 한 번은 영국의 유명한 찰스 스펄전 목사에게 성도 하나가 찾아왔단다. 교회에 시험이 들어 다른 교회를 소개해 달라고 왔다. 어떤 교회를 원하냐고 물으니 여러 가지 자기 바람이 담긴 조건을 말하더란다. 그 조건을 쭉 듣고서 스펄전 목사가 대답하기를 "그런 교회는 이 세상에 없다"였고 그 대답을 들은 성도는 실망에 차서 돌아가려고 일어섰다. 그의 뒤에서 스펄전 목사가 한 마디를

던졌다. "당신이 찾는 그런 교회가 없겠지만 혹 찾더라도 거기에는 가지 마세요" 의아한 표정을 짓는 그에게 그 이유를 덧붙인다. "그렇게 완전한 교회가 있다면 당신이 거기에 가는 순간 그곳이 불완전해지기 때문이요", "···".

내 공동체로서의 '교회 찾기'는 선악과 렌즈에 부각된 지상교회 연약의 반대 방향에서 발견할 수 있는 것이 아니다. 그 연약에도 불구하고 주님이 주신 그곳만의 언약이 있는가에 문제이다. '내 교회'만이 갖고 있는 은사와 은혜가 있다. 그 안에 거하는 삶이 신앙의 참 맛이다. 교회마다 성령님이 특별히 기름부어 주시는 부분이 있다. 어떤 교회는 설교는 약한데 성도 간의 교제가 끈끈한 곳이 있다. 어떤 교회는 반대로 교제는 약한데 목사님의 설교가 좋은 데가 있다. 혹 이 두 개가 다 강하다면 이번엔 목사님의 윤리적 약점이 있을 수 있다. 다시 말하지만 다 좋은 곳이란 없다.

몇 년 전 두 교회에 양다리를 걸치고 다닌 성도 서넛을 보았다. 자기가 본래 다니던 교회 담당부서 목사님 설교듣기가 힘들다고 문학가 출신의 목사님 교회에 가서 설교를 듣고 오후에 자신의 본교회로 와서 자기 또래와 교제를 했다. 꼭 연애 따로 결혼생활 따로 하는 것처럼 보였다. 기어이 둘 중에 하나를 선택해야 하는 시간이 오자 이러지도 저러지도 못 하다가 결국엔 문화적 혜택이 많은 쪽으로 선택을 했다. 욕심 때문에 빚어진 사태이다. 물론 성도로서 은혜로운 설교, 정감 넘치는 교제, 제 취향에 맞는 봉사활동, 자신을 '찐'하게 숙성시켜주는 제자훈련 등 가능하면 다양한 요소로 자신을 채우고 싶은 것은 자연스러운 욕구이며 당연한 권리 주장이다. 문제는 그 모든 것을 아니 몇 가지만이라도 채워줄 수 있는 이 땅의 교회가 없다는 데에 그 딜레마가 있다.

"새로운 곳으로 이동이냐?" 아니면 "지금 있는 곳의 연약 끌어안기냐?"의 기로에서 갈등하고 번민하는 이들의 시행착오는 이 시대를 사는 성도들의 가슴 저린 사연이다. 비록 사역지로 떠난 것이긴 하지만 안디옥 교회의 바울처럼 공동체의 축복을 받고 교회를 떠나면 얼마나 좋을까? 그러나 철새 교인과 교회 구매자(church shopper)들의 비애는 자기 집을 야반도주를 하고 그곳에서 다시 떠날 때에도 또 몰래 가야만 했던 야곱의 여정처럼 험난하기만 하다. 하지만 누군가는 "떠나느냐? 남느냐?"의 질문 앞에 냉철한 답을 내리며 선택을 해야 하고 그 선택만큼 거기에 뒤따르는 도전을 맞이해야 한다. 만일에 남는 쪽을 선택한다면 "떠날까?"를 고민해야만 했던 '내 교회의 연약'을 끌어안아야 하는 고난을 수반해야 하고 그와 반대로 떠나는 쪽에 손을 얹는다면 새로운 환경과 맞닥뜨리고 또 '그곳만의 그림자'를 받아들여야 하는 새로운 책임이 주어진다.

선택은 곧 둘 중의 하나의 빛을 누림과 동시에 그 빛 이면의 그림자 역시 맞이해야 함을 의미한다. 빛만 골라서 우리가 선택한 그 릇에 담을 수는 없다. 좋은 설교를 듣는 대신에 교제의 그늘에 옆 구리가 시려야 하든지 아니면 교제의 풍성을 누리며 동시에 예배 견디기를 하든지 말이다. 혹 이 둘 모두를 가진 교인이라면 스캔 들의 주인공이 되어 뉴스와 각종 포털 사이트에 오르내리는 '내 교회(목사님)'의 이름을 보며 아파해야 할지 모른다. 이것이 인생 이다.

불완전한 지상교회에서 자신이 기대한 이상(Ideal)을 찾을 수 없 다고 불평하는 일은 미성숙한 행동이다. 기성 교회에 대해 한참 시니컬했던 내 태도에 대해 언젠가 "나는 네가 비판하는 예수라" 는 개인적인 음성을 들은 뒤부터 옷무새를 여미게 되었고[81] 그 후 로는 연약의 눈을 가리고 언약의 눈만 뜨게 해 달라고 기도해왔 다. 그리고 새롭게 깨달아진 것이 있다. 주님은 우리의 약점 99개 를 보시지 않고 강점 하나만 보고 일하신다는 것이었다. 사실 그 덕에 "나도 살아남았지 않은가!"는 깨우침이 왔다. 연약한 우리에 게 다행인 건 주님이 가지신 렌즈가 '연약의 안경'이 아닌 '언약의

---

81) 개인적으로 나에게 영향을 받은 전도사님이 있었는데 그가 청년으로 있던 교회 에 새로 부임한 교역자가 그를 보자마자 던진 첫 마디가 "너 한국교회에 불만이 많다며"였다. 나는 이 소리를 듣는 순간 성령님께 망치로 맞는 듯한 느낌이었다. 성령님은 보여 주셨다. 내가 한국교회를 사랑한 것이 아니라 불만이 많다는 사 실을! 가슴으로 사랑하면 기도하게 되고 머리로 사랑하면 판단을 하게 된다. 교 회를 위해 눈물로 무릎을 채우지 않는다면 사랑이 아니라 우월감에서 나온 판단 이 되고 만다.

렌즈'[82]라는 데 있다.

은혜가 메마르면 우리 눈은 선악과로 밝아져 교회의 약점만 눈에 들어온다. 주님이 교회에 주신 언약이 안 보이고 연약만 부각되면 아담의 후손은 교회이동을 고민한다. 교회의 이동은 지금 있는 교회에서 시험에 들 때에 해야 하는 일이 아니다. 그렇게 되면 그가 옮기기 전의 교회에서 받았던 시험과 비슷한 질량의 시험이 또 찾아오면 그것을 이길 수 있는 내성이 없기에 또 교회이동을 고민해야 한다. 시험에 들 때마다 교회를 바꾸면 그는 평생 교회이동을 하다가 삶을 마친다. 헌혈증처럼 교회 등록증이 많다고 나중에 천국에서 초코파이나 무료 영화 관람티켓을 주지는 않는다.

정말 교회를 떠나야 할 때는 시험에 들어 지금 있는 곳이 꼴 보기 싫어져 내 스스로 나가야겠다는 생각이 드는 '내 때'가 아니라 다른 주님의 섭리로 나를 전교(?)시키시는 '하나님의 때'가 무르익었을 때이다. '내 때(In my time)'와 '하나님의 때(In His time)'가 일치하면 영적성숙의 극치이겠지만 우리 대부분은 특히나 시험에 들어 "교회를 옮길까?" 하는 성도에게는 이러한 시간차가 크다. 하지만 무조건 '내 교회 연약 끌어안기'만 하라는 것은 아니

---

82) 창6:8~9, "의인이요 당세에 완전한 자"라는 노아에 대한 기사는 전적으로 그를 향한 주님의 렌즈(무지개 언약)로 인한 선언이었지 그의 인간적 의를 말한 것이 아니었다. 이는 얼마 후 벌어진 그의 포도주 사건이 증명한다.

다. 물론 '내 교회 찾기'의 경우로 부득불 교회를 옮겨야 하는 경우도 분명히 있다.

## † 교회를 옮기고 싶은 마음속의 이유를 점검해보라.
### - 섬기는 지역교회를 굳이 바꿀 수밖에 없는 당위성

물론 교회를 이동해야 하는 경우도 있다. 한 번 교회에 등록했다고 그 교회에 뼈를 묻어야 할 이유는 없다. 지상교회의 존재 목적은 앞에서도 밝혔듯이 성도의 성화를 돕는 것에 있다. 즉 교회를 위해 성도가 있지 않고 성도를 위해 교회가 존재한다. 정(情) 문화가 강하고 종교심이 특출한 한국 사람의 특성상 이해관계로 교회를 다니는 경우가 많아 속마음과 달리 교회에 족쇄를 차고 있는 경우도 예전엔 허다했다. 혹이나 교회를 떠나는 것이 목회자에게 배신하는 행위처럼 느껴지거나 심지어 배교하는 행위처럼 여기는 교계의 비가시적 구조는 이 족쇄를 더욱 강하게 죄어 메었다. 그래서 교회의 이전을 야곱의 야반도주처럼 비밀리에 행하기도 했다.

미국과 같은 서구에서는 커플이 헤어져도 혹 그것이 부부라 할지라도 우리네처럼 철천지원수가 되지는 않는다. 감성중심의 우리

네와는 사뭇 다른 모습이다. 70년대 유명했던 가수 이장희 씨는 '나 그대에게 모두 드리리'라는 곡을 아내에게 바치며 결혼에 골인했는데 현재는 이혼한 상태다. 그런데 이따금씩 그 아내와 만나 영화도 보고 술도 마신단다. 한국사람 같지 않은 자유영혼의 소유자 같다. 그런데 우리 코리안은 이혼만 아니라 교회를 떠나도 껄끄러운 관계가 되는 것 같다. 그러니 성문법으로는 자유가 있으나 관습법상으로는 잘 다니던 교회를 쉽사리 떠날 수 없다. 눈치와 시선이 그러한 자유를 막는다.

떠나가는 교인의 바짓가랑이를 붙잡는 이유가 교인의 미래와 영적 건강을 위한 사랑의 염려인 경우보다 그로 인해 교회 경영에 미치는 파장 때문인 경우가 많다. 이런 감정 노동의 수준에서 보면 우리 사회의 문화적 시간은 아직 포스트모던이 아니라 프리모던보다 훨씬 이전인 고대(ancient times)인 것 같다. 의식 수준이 낮으면 낮을수록 '다르다(different)'와 '틀리다(wrong)'의 구분이 안 된다. 의식이 높은 크리스천이라면 나와 생각이 다르고 가치가 다르고 신앙이 달라도 하나님의 형상을 가진 그 존재만의 인격을 존중해야 한다. 같은 크리스천이라고 해도 신앙관이 다르면 교회를 옮길 수 있다고 인정해주어야 한다. 아니 옮겨주어야 한다.

크게 3가지 정도의 이유로 다니던 교회에서 이삿짐을 쌀 수 있다.

첫째는 먼 거리로의 이사로 부득이하게 교회를 옮겨야 하는 경우이다. 도로와 교통의 발달로 도(道) 정도가 아닌 구(區) 정도의 이사는 별 영향을 미치지 않는다. 예전에 미국 조지아 주 콜럼버스의 한 한인교회에서는 앨라배마로 이사한 장로님이 집에서 교회까지 왕복 8시간을 운전하시며 십 수 년 동안 다니시는 분도 뵈었다. 집 근처 교회로 다니시라고 말리고 싶은 마음이 굴뚝같았으나 본인이 좋아서 그러시는데 누가 말리겠는가? '내 교회'가 좋으면 거리는 문제가 되지 않는다.

교통이 아무리 발달해도 교회와 집과의 거리는 가까울수록 바람직하다. 교회가 지역교회의 특성을 가져야만 선데이 크리스천의 한계를 넘어 셀라이프를 교회에서 실현할 수 있기 때문이다. "Out of sight, out of mind"는 결코 우스갯소리가 아니다. 주일 하루 그것도 달랑 '예배 한 번' 드리고 가는 신앙을 가지고서는 '세상 속의 교회'로 우뚝 서기가 불가능하다. 되는 교회와 안 되는 교회의 가장 큰 차이는 성도들이 교회를 얼마나 자주 가는가에서 갈린다.

두 번째 전교(轉敎) 당위성은 개인의 영적성장을 위해서이다. 잃어버린 양을 찾고 그 찾은 양을 먹이는 일이야말로 교회가 존재하는 이유이다. 즉 선교와 더불어 성도의 성화를 돕는 주님의 도우미 역할이 교회의 주요한 사명이다. 지상의 모든 교회는 주님의 섭리 안에서 세워졌다. 따라서 성도 개인과 맞는 교회에 있으면 영적 성장이 당연히 일어나게 된다. 그런데 교회 안에 있는 성도에게 연락과 상합의 공급[83]이 되지 않는다든지 성장 프로세스가 멈추었다면 문제가 발생한 것이다.

성도의 성화의 과정을 성장과 성숙의 프로세스로 나눈다면 성장은 공급을 받아야 일어나지만 성숙은 오히려 공급을 할 때 숙성된다. 따라서 어느 정도까지의 성화는 은혜의 입력(Input)을 통해서 일어나지만 어느 단계를 넘어가면 받은 은혜의 출력(Output)을 통해서 성숙으로 발효된다. 혹 영적성장의 정체가 계속 지속되면 반드시 점검해 보아야 한다. 그에게 계속 공급되어야 하는 멘토링의 수혈이 메말라서 그런 것인지 아니면 이미 그 단계가 차서 그 다음 과정인 다른 영혼에게 공급하는 프로세스로 멘토링의 시프트를 바꾸어야 하는 것인지를 체크해야 한다.

교회이동을 고민하는 진짜 이유가 전자라면 남은 성장의 과정을 위해서 전교를 실행해도 된다. 그간의 정을 생각하고 이해관계에 갇혀 있다간 더 중요한 영적인 성장판이 닫혀버린다. 목사님 위해서 신앙 생활하는 것이 결코 아니다. 한 교회의 출석 숫자를 채우기 위해 성도가 존재하는 것이 아니다. 그러나 후자의 경우라면

---

83) 엡4:16

다른 곳에 가도 영적으로 비만해지기만 하지 더 자라나지는 않는다. 이때부터는 지금까지 자신이 수혈받은 것처럼 남을 수혈할 때에 남은 성장이 채워지는 생명(헬, 조에)의 신비 때문이다. 이런 경우라면 지금 있는 교회에 남아서 그 동안의 '공급받음'의 패러다임에서 '공급을 나눔'의 패러다임으로 전환해야 한다. 이때부터는 목사님 의존적 신앙에서 벗어나 목사님과 동역하는 신앙으로 전환하는 시기인 것이다. 즉 성장을 위해서라면 교회를 옮겨야 한다. 그러나 성숙의 문제라면 남아야 한다.

교회를 옮겨야 하는 세 번째 당위성은 신앙노선이 다를 때에 나온다. 사람마다 신앙의 절대적 가치가 다 다르다. 어떤 이에게 절대적 가치를 가지는 신앙의 요소가 다른 이에게는 그만큼 절대적이지 않을 수 있다. 즉 사람마다 신앙의 절대가 다르다. 성도 모두의 궁극적 종점은 천국의 영화이지만 성화의 과정에 도달하는 노선은 제각각 다르다. 크게는 그래서 교단이 있고 작게는 지역교회로서의 공동체가 있다. 교회에 주께서 기름부으시는 부분과 내 신앙의 우선순위가 맞아야 한다. 하나님 나라 안에는 너무나 다양한 신앙적 가치들이 있다. 선교, 예배, 찬양, 기도, 교제, 구제, 문화, 가정, 교육, 청소년, 노인, 청년, 중보, 미전도 종족, 캠퍼스, 문서, 멘토링, 치유 등등 이루 헤아릴 수 없을 만큼의 다양한 요소들이 모여 교회는 역사를 종말로 채워간다.

나와 신앙적 절대가치가 다르다고 배격하거나 내 절대를 너에게도 강요하는 일은 건강하지 않은 일이다. 이러한 신앙의 우선순위가 동일한 사람들의 자연스러운 모임이 공동체이다. 쌍둥이도 다르거늘 성도가 다 같을 수야 없다. 신앙의 절대 가치를 담은 신앙관(노선)이 다르면 공동체 내에서의 갈등이 커질 수밖에 없다. 문제는 목회자나 성도 모두가 자신이 가진 신앙의 절대가치가 무엇인지 모른다는데 있다. 교회를 옮기는 것보다 더 우선되어야 하는 것은 자신이 가진 신앙의 가치가 무엇인지 발견하는 일이다. 그 후에야 자신이 가진 신앙적 가치로 연합할 수 있는 모임을 찾을 수 있기 때문이다.

주입식 교육체계인 전과서 토양에서 살아온 덕에 자신만의 신앙고백을 가진 목회자나 교인이 우리 가운데 많지 않다. 그러나 좀 더 정확히 말하자면 나만의 신앙관이 없다기보다 '이 교회 저 교회'것을 베껴다 쓰고 그만한 고민 없이 교회를 습관적으로 다니기 때문에 '진짜 내 것이 무엇인지' 아직 발견하지 못한 것이라 하겠다. 그러다보니 목회자도 이곳저곳에서 각종 프로그램을 갖다 짜깁기해서 써서 시행착오를 하게 되고 성도는 성도대로 '타교회 목회일지 복사본'에 내성만 생기는 가운데 성장은 정체되는 경우가 많았다. 이러한 과정 속에서 들어온 내면적 갈등은 교회에 대한 불만만 증폭시켰다. 자신에게 생긴 시험이 무엇인지 또 그것이 어디서 왔는지도 모른 채 막연히 신음만 커졌고 각자마다 자신이 가진 신앙노선을 알지 못한 채 이해관계로만 묶이니 교회 다니는 것이 힘들 수밖에 없었다.

목회철학을 통해 목회자만의 신앙관(노선)이 정확하게 표출되고 거기에 개인적 신앙 유전자가 맞는 이들이 아멘을 하며 뭉쳐질 때에 죽이 되던 밥이 되던 한 교회는 그 교회로서의 역량을 갖추게 된다. 그러나 세미나를 다녀올 때마다 목회의 노선이 바뀌게 되면 그 교회는 전과서 신앙을 갖게 되어 한때 뜬 '스타 교회'의 흉내만 내게 된다. 이처럼 내 신앙고백을 잃은 교회와 성도는 창조력 있는 생명성을 잃고 화석화된다.

또한 스타 강사나 유명한 설교자를 좇아 교회를 선택하게 되면 '내 교회'로서의 공동체가 아닌 멋진 목사님의 오빠부대 팬클럽 회원이 되어 그 교회의 손님으로만 있게 된다. 공동체원이 아닌 손님이 더 많은 교회는 겉은 화려하나 속은 텅 빈 라오디게아 스타일의 교회가 되기 쉽다. 교회는 담임 목회자와 성도들의 공통된 신앙관이 하나로 만나 분출될 때에 조직화된 교회가 아닌 공동체로 세워진다.[84] 그러나 많은 사람들이 이러한 신앙관보다 비본질적인 요소들, 예를 들면 인간관계나 문화적 혜택 때문에 교회를 선택하고 다니는 경우가 많다.

---

84) 예루살렘 교회는 기독론으로, 안디옥 교회는 선교론으로 하나가 되어 그 목표를 향해 나아갔다.

정체된 영적 성장을 위해 새로운 곳을 향해 떠나야 하는데 종교
적 패쇄성 때문에 머뭇거리면 기쁨을 잃은 그의 신앙은 화석화된
다. 간혹 주님이 강권적으로 그를 떠나게 하시는 경우도 있다. 이
때 주님이 사용하시는 특별 수단이 관계의 갈등이다. 스스로 떠
나지 않으면 떠나도록 만드신다. 뜻하지 않은 고난으로 아파하는
이유가 무지한 나를 인도하시는 주님의 신실하심으로 기인할 때
가 있다. 다양성을 창조하신 것은 주님의 솜씨다. 나와 '다르다'
고 교회에서 갈등할 필요가 없다. 나와 신앙관이 맞는 곳이 있
다. 그 '내 교회'로 가야 할 사람은 서둘러 떠나는 것이 좋다. 그
'내 교회'에 있지 않으면 가장 손해 보는 사람이 그 당사자인 바로
'나 자신'이다.

내 신앙의 성장을 위해 교회를 옮기는 것은 배교행위가 아니다.
다른 사람을 위해 신앙생활을 하는 것이 아니기 때문이다. 주님
을 가장 기쁘시게 하는 일은 '은혜가 안 되는 곳'에서 의리를 명
분으로 '있어주는 일'이 아니라 '내가 영적으로 성장하는 일'이다.
영적성장을 최우선순위로 하는 성도들은 '교회이동'에 있어 좀 더
'냉철하고 이기적(?)'일 필요가 있다. 다만 '정 중심'의 우리 문화
에서 은혜롭게 '굿바이'를 할 수 있는 은혜가 주어지도록 기도하
는 일은 지혜로운 처사다. 은혜의 근원되시는 성령님께서 각자에
게 알맞은 길을 열어주실 것이다.

# † 세상에서 가장 좋은 교회로서의 '내 교회'를 확인하라.
## – 나에게 배정된 교회 찾기 또는 확인하기

사람이 사랑에 눈이 멀면 한 사람 밖에 보이질 않게 된다. 내 사랑의 대상이 혹 연예인이 아니더라도 그 어떤 연예인보다도 아름다워 보이고 멋져 보인다. 그(녀)의 땀 냄새도 좋고, 얼굴에 난 곰보자국조차 예뻐 보이고 멋져 보인다. '아름답다'가 아닌 '아름다워 보인다'고 한 이유는 사랑이란 감정의 주관성 때문이다. 모든 사람의 눈에 아름다운 것이 아니라 사랑에 빠진 사람의 눈에 아름다운 것이다. 주님이 주신 '내 교회'도 이와 같다. '내 교회'를 만나 사랑에 빠지면 그 교회가 세상에서 가장 좋은 교회로 보인다. 이는 교회의 건강도를 측정하는 기관에서 좋은 점수를 받아야만 하는 일이 아니다. 뭔가 허튼 구석이 많고 결점투성이라도 상관이 없다. '내 교회'이기 때문에 좋은 것이다.

내 짝을 만나는 순간 그는 그냥 그 이상이다. 이것은 호르몬의 변화요 케미스트리의 작용이다. 전문용어로 '제 눈에 안경'인 것이다. 이것이 '내 교회'를 만난 증상이다. 물론 사람들 중에는 첫눈에 반한다거나 가슴이 셀렌다거나 하는 것 없이 결혼하는 이도 있다. 꼭 이런 현상이 있어야만 '내 교회'인 것은 아니지만 그래도 '내 교회'를 만나면 '제 눈에 안경'으로서 '내 교회'에 대한 프라이드가 어느 정도 생기게 된다. 미국에서 알게 된 목사님 한 분은 강남의

교 회 를
옮 기 고
싶 어 요 !

223

유명한 교회에서 유학을 마치시고 귀국하셨다. 마침 여름방학에 잠시 한국에 들러 우연찮게 그분을 뵈었는데 예배 중에 감격의 눈물을 흘리셨단다. '내 공동체'로의 귀환에 감격해서 말이다. 이때 적잖은 도전을 받았다. 당시 큰 교회에 대해 막연한 색안경을 끼고 있었는데 그분을 보며 나에게는 과연 저러한 '내 공동체'가 있는가를 묻는 계기가 되었다. "아, 부럽다. 내 교회, 내 공동체여!"

성도는 신기하게도 교회생활이 행복해야 개인의 삶도 행복하다. 속된 말로 개인적으로 아무리 잘 나가도 교회생활이 해피하지 않으면 삶의 질이 윤택하지 않다. 성도의 삶에 있어 교회가 이렇게 중요한데 이는 '내 교회'와 관련이 있다. 교회를 다닌다고 해서 다 '내 교회'를 다니는 것은 아니다. 그냥 교회, 어떤 교회, 집 근처 교회, 아는 목사님이 계신 교회, 부모님이 다니시는 교회, 유년부 때부터 다니던 교회, 마누라 등쌀에 나가는 교회, 직장인 교회 등등 부정관사(a, an)가 붙은 막연한 교회를 다니는 사람이 훨씬 더 많다. 마지못해서 다니는 교회이고, 어쩌다 보니 다니게 된 교회이고, 언젠가는 옮겨야 할지 모르는 교회이다. 이런 사람들에게 '내 교회'는 먼 나라 이야기이고 어차피 다녀야 하기 때문에 그냥 하나 선택해서 다니는 교회일 뿐이다.

'내 교회'의 문제는 여러 은행 중에 주거래 은행 하나를 선택한다든지 수많은 신용카드 중에 혜택이 좀 더 많은 것으로 한두 개 선택하는 문제와는 다른 차원의 문제이다. 마치 인생을 달관이라도 한 듯이 자신의 배우자를 선택할 때에 "뭐 다 그 나물에 그 밥이지"하며 아무하고나 결혼하는 사람은 없다. 교회 선택은 배우자 선택만큼이나 중요하다. 교회 선택은 "순간의 선택이 10년을 좌우한다"고 한 전자 제품의 선택보다도 훨씬 중요한 일이다. 각자가 선택한 교회를 통해서 성령님이 공급하시는 '헷세드'의 은혜가 공급될 뿐 아니라 그 교회만이 지닌 고유한 색깔에서 '연락과 상합'이 공급되기 때문이다. 또한 그 교회에 세워진 설교자에 의해 개인적 신앙관이 형성되거나 영향을 받기 때문이기도 하다. 교회 선택에 신중을 기해야 하는 또 다른 이유는 앞에서도 언급한 것처럼 한 번 다니게 된 교회를 한국적 정서에서 쉽게 옮기기도 쉽지 않기 때문이다. 이 일을 단행할 때엔 엄청난 감정노동을 대가로 지불해야 한다.

주님이 각자에게 허락하신 공동체로서의 '내 교회'를 확인하는 몇 가지 원리를 나누어보자. 여기서 먼저 전제할 것은 주님의 인도 방식은 일반적으로 '점(點) 원리'가 아닌 '원(圓) 원리'라는 점이다. 하나님은 우리 인간에게 자유의지를 주셨기 때문에 하나님의 뜻을 주실 때에도 우리 스스로가 선택을 해서 그 뜻을 따라오게 하신다. 그래서 어떤 특정한 것으로서의 점(點)이 아닌 어떤 범주 안에서 우리로 자유의지를 갖고 선택하게 하신다. 그분의 주권적인 뜻 영역 밖에 있는 일들은 그분의 윤리적인 뜻 안에서 우리로 하여금 선택하게 하신다.[85] 이것이 우리 각자를 향하신 주님의 선하신 뜻이다. 교회의 선택도 이와 같이 그분의 윤리적인 뜻 안에서 우리 스스로 선택하는 몫의 일이다. 그래야 바울의 증언처럼 그 선택한 몫에 대해 그 당사자에게 원망과 시비가 없게 된다. 그리고 그 자신의 시야만큼 선택한 일에 대해 스스로 책임을 져가며 그 책임진 만큼 성장해간다.

이왕에 교회 선택을 고민해 본다면 '가장 좋은 교회'로 가는 편이 현명한 일이 아닐까? 그렇다면 과연 가장 좋은 교회란 무엇일까? 교회의 건강 지수를 점수로 매겨 고득점을 받은 교회일까? 설교가 괜찮은 교회일까? 유명하고 큰 교회일까? 요새 사람들이 많이 몰리는 교회일까? 기도를 많이 하는 교회일까? 찬양이 살아있는 교회일까? 시설이 좋은 교회일까? 수많은 질문과 다양한 기준이 있겠지만 교회론의 진수를 담고 있는 성경 본문으로 돌아가 이에 대한 성경의 음성을 들을 필요가 있다.

.

"이는 성도를 온전케 하며 봉사의 일을 하게 하며
그리스도의 몸을 세우려 함이니라"
(엡4:12)

.

---

85) 빌2:13~14

주님이 나에게 교회를 주신 목적을 되새길 필요가 있다. 가령 우리가 헬스장에 가는 주된 이유는 말 그대로 헬스를 위해서이다. 그 밖의 이유들은 다 옵션이다. 헬스장에 가서 몸을 건강하게 하지 못한다면 그곳은 헬스장으로서 자기 기능을 잃은 것이다. 적어도 건강을 목적으로 헬스장에 가는 사람이라면 이런 헬스장은 더 다닐 필요가 없다. 주님은 나를 더 온전하게 하시기 위해 교회를 세우셨다. 따라서 가장 좋은 교회란 나에게 영적 성장을 일으키고 나를 점점 더 온전한 사람으로 세워주는 곳이다. 그 외에 문화적인 혜택들은 부수적인 것이다. 혹 교회가 크지 않고, 시설도 미비하고, 유명하지 않아도 상관없다. 특정 기관에서 매긴 교회 건강 지수가 높지 않아도 괜찮다. 내가 그곳에서 주님이 흘려보내시는 은혜를 공급받고 영적으로 자라난다면 거기가 바로 '내 교회'인 것이다.

하늘의 '소명 영장' 없이 목회자가 되지 않은 한 모든 목회자는 주님의 뜻을 따라 그분의 섭리 속에서 세워졌다. 그리고 그가 보내진 교회도 이와 같다. 이런 전제가 있는 한 모든 교회는 존재의 목적이 있다. 즉 극히 소수가 될지라도 그 교회를 통해 생명이 거듭나고 자라날 영혼이 있다면 그 교회는 인간이 만든 기관이나 기준 따위가 "좋네, 나쁘네" 할 수가 결코 없는 일이다.

"귀 있는 자는 성령이 교회들에게 하시는 말씀을 들을지어다"

(계2:7, 11, 17, 29)

여기 '교회들'에 쓰인 헬라어 '에클레시아이스'는 3인칭 복수형으로 '그 교회들'이란 의미이다. 즉 하나님이신 성령님께서 음성을 성도에게 들레는 방향이 바로 각자가 속한 교회이다. 다시 말해 성령님의 음성이 들리는 곳이 바로 '내 교회'란 의미이다. 주님이 자신의 말씀을 들려주시는 방향은 우리 각자가 속한 교회이다. 그렇다고 주님의 음성이 들린다고 모두가 다 '내 교회'란 의미는 아니다. 필요조건과 충분조건을 구분하지 못하면 문자에 매인다. 적어도 주님이 나에게 주신 '내 교회'라면 거기서 그분의 음성이 들린다는 말이다. 내 공동체를 확인하는 중요한 원리 중에 하나가 '하나님의 음성이 있는 곳'인가에 있다. 사람마다 그 성향에 따라 은혜를 받는 코드는 다양하다. 이 코드가 맞아야만 주님이 말씀하시는 통로로서 제 역할을 한다.

나는 개인적으로 영감을 주는 설교가 가장 은혜가 된다. 따라서 나에게 '가장 좋은 교회'는 성령의 영감을 살려주는 곳이다. 그러나 이것은 어디까지나 내 개인적인 취향이지 모두의 절대는 아니다. 누군가는 이성적인 코드로, 누군가는 감성 코드로, 누군가는 강력한 리더십의 코드로, 누군가는 은사적 코드로 각각 은혜의 문이 열린다. 심지어 나에게는 가장 은혜가 안 되는 교리(조직신학) 코드로 은혜를 받는 사람도 보았다. 따라서 '가장 좋은 교회'란 사람마다 다르고 상대적인 것이지 절대적 영역의 일이 아닌 것이다. 누군가에겐 그저 그런 교회가 다른 이에겐 은혜의 폭포수가 될 수도 있고, 어떤 이에겐 천국 그 자체일 만큼 위대한 교회가 다른 사람에게는 하품만 나오는 곳일 수 있다.

'하나님이 역사하시는 통로'로서 교회의 은사가 다수를 충족시키면 대형교회가 될 뿐 이것이 모두의 답이 되는 것은 아니다. 반대로 한 교회의 코드가 소수에게만 맞는다고 잘못된 것은 아니다. 실용주의에 길들여진 우리는 때때로 숫자에 우리의 중심을 빼앗길 때가 너무 많다. 성령님이 나에게 역사하시는 통로로서의 기능을 다하는 교회가 바로 나에게 주신 그 교회이다. 따라서 지역교회는 서로 비교 대상이 될 수 없고 개개인마다의 기준으로 '이렇다 저렇다'고 평가할 수 없는 곳이다. 누군가에게 필요로 한다면 그곳이 나에게 필요 없다고 감히 판단할 수 없는 곳이 바로 교회이다.

하나님은 나의 영적 성장에만 관심이 있으신 것이 아니다. 그분은 내 옆의 형제도 창조하셨고 그에게도 아버지가 되신다. 우리의 아버지는 내 형제의 영적 성장을 위해 그에게 맞는 교회도 만드셨다. 그 교회가 내 코드를 충족시키지 못한다고 필요 없는 것이 아닌 것이다. 다만 우리 각자의 성향이 다르듯이 은혜 받는 코드도 각각 다르기 때문에 다양한 교회가 필요하다. 어떤 음식은 다수가 좋아하는 것도 있지만 또 어떤 것은 소수만 먹을 수 있는 것도 있다. 내 입맛에 안 맞는다고 그 음식을 지구상에서 없앨 이유는 없다. 우리는 주님이 창조해 주신 각자의 '내 교회'에서 '성화된 나'를 맞이한다. 이것이 '내 교회'를 찾아야 하는 이유이다. 저 교회, 이 교회 등 많은 교회가 있지만 굳이 '내 교회'를 찾아야 하는 이유이다.

언젠가 한강 유람선을 탔는데 젊은 남녀가 부둥켜안고 주변은 아랑곳 하지 않고 온갖 스킨십을 해댔다. 그 주인공이 장동건, 고소영 커플 정도까지는 아니더라도 외모가 어느 정도만 되었더라도 훔쳐보는 재미가 쏠쏠했을 터인데 불행하게도 확 깨는 추남추녀였다. 그때 깨달은 게 두 가지나 있다. 못 생겨도 사랑할 권리가 있다는 것과 사랑은 철저히 주관적인 감정이라는 사실을 말이다. 저 정도의 외모라면 사랑이란 감정에 들지 않을 것 같았는데 저 둘은 사랑에 빠진 것이 아닌가? 다른 사람 눈에 아무리 아니더라도 나에게 하트를 팡팡 날리는 연인이 되면 그(녀)와의 로맨스는 핑크색을 띄운다.

'내 교회'의 이슈도 이와 같다. 남의 눈에 별루인 교회라도 주님이 각자에게 주신 연인인 '내 교회'라면 그곳은 핑크색이다. 그러면 자발적인 헌신이 유발된다. 물질이든, 시간이든, 땀이든 어떤 형태의 헌신도 헌신으로 느껴지지 않는다. 그 계산쟁이 야곱은 라헬과 연애하는 까닭에 수년을 수일처럼 봉사했다고 창세기는 증언하고 있다. 주님이 내게 허락하신 '내 교회'는 '헌신 유발자'이다. 성령 하나님의 음성이 내 귀에 들리고, 천국 문이 나를 향해 활짝 열리고, 이기적인 내 유전자를 이타적으로 바꾸고, 교회를 부를 때에 교회 이름을 붙여 부르는 것이 아니라 자연스럽게 '내 교회'라고 부르게 된다면 더 고민하지 말라. 적어도 이러한 증후군들이 있었다면 혹 시간이 좀 지나 '영적 권태기'에 빠졌더라도 의심하지 말라. 그 교회가 바로 주님이 허락하신 '내 교회'이다.

·

"주님, 새 공동체를 찾아 떠나야 하는 이들에게는 용기를 주시고
지금 있는 곳의 연약을 끌어안아야 하는 이에게는 사랑을 주소서.
인간적 요소가 묻은 교회의 연약에는 눈이 어두워지게 하시고
그 너머에 있는 교회의 언약에는 눈이 열리게 하소서"

·

## 잠시 쉬어가기

### ::: 교회를 옮길까요? 말까요?

교회는 성령님의 섭리가 운행되고 있는 신비의 나라다.
비록 인간의 눈에는 유치해 보이고, 허술해 보여도
신적(神的)인 화학작용이 일어나는 곳이다.
아무리 초라해 보이는 교회라도
주님이 보내주신 '내 교회'에 있으면 영적성장이 일어난다.

성화의 과정에는 성장과 성숙의 단계가 있다.
성장은 공급을 받음(input)으로, 성숙은 오히려 공급함(output)으
로 각각 그 시간이 채워진다.
하나님의 자녀에게 영적인 성장이 멈췄다면 반드시 점검해 보아
야 한다.
교회로부터 생명의 공급이 중단된 것인지 존재방식의 시프트를 '받
음'에서 '나눔'으로 바꾸어야 하는 것인지를 말이다.

아직도 성장의 단계인데 생명공급이 끊겼다면 '내 교회'를 찾아 떠나야 한다. 그러나 이제 성장이 아닌 성숙의 단계로 올라서야 한다면 지금의 '내 교회'에 남아야 한다.

시험에 들거나 누군가에게 삐져서라면 혹은 영적인 권태기에 빠진 것이라면 고민할 것 없이 그 자리에 있어야 한다.
그러나 영적성장을 담보로 이해관계에 묶여 있다면 과감히 떠나야 한다.

에필로그

누구도 태어날 때부터 어른인 사람은 없다. 인생의 숱한 과정을 거치고서야 비로소 성숙한 인간이 된다. 영적으로도 성숙하려면 그에 합당한 성장의 과정을 거쳐야 한다. 성숙한 믿음에 도달하려면 자신이 가진 믿음에 대해 진지한 질문을 던져 보아야 한다. 신앙 여정을 거치면서 갖게 되는 의문부호는 후일에 영적인 백신이 되어 우리를 더욱 강건하게 만든다. 하나님의 사람이 갖는 의문과 불신에서 근원된 의심은 겉은 비슷해 보이나 그 본질은 다르다. 하나님의 사람이 갖게 되는 신앙의 딜레마는 영적 성숙으로 향하는 일종의 성장통이다. 영적 성숙의 지평이 열리기 위해선 현재 단계에 있는 자신의 틀을 깨야만 한다. 그 틀을 깨뜨리는 과정에서 들어온 딜레마는 축복이다. 이 책에 소개된 몇 가지 질문과 답변들을 통해 성화의 여정 중에 있는 신앙의 경주자들에게 성령 하나님의 격려와 만져지심이 있기를 기도한다.

한 지인에게서 들은 말이다. "올케 언니가 시험에 들었어요! 교회에 오래 다녔는데도 불구하고 생활형편(좀 더 구체적으로 말하자면 경제 여건)이 전혀 나아지지 않자 신앙 교회생활에 회의가 들었어요." 그 말을 듣고 고민하게 되었다. 그러고 보니 내 형편도 썩 좋아 보이지 않았고 내 주변에 있는 크리스천들을 돌아보니 물질적으로 여유로운 이보다 그 반대의 경우가 많아 보였다. 순간 지인의 올케 언니의 마음이 전이되며 하나님께 섭섭한(?) 마음이 들었다.

"아, 예수 믿고 병들고 가난한 건 뭐지?"란 질문과 함께 남들 앞에서 목사로서 '믿음 좋은 척, 행복한 척'하는 신앙 무도회의 가면을 벗어 던지고 진지한 질문을 주님께 묻기 시작했다. "교회에 다닌 지 오래 되었는데 형편이 만날 어려운 이유는 무엇입니까?" 신앙의 목표가 성화인지, 성공인지, 둘 중에 하나만 가져야 하는지 아니면 둘 다 가져야 하는 건지 성령하나님께 묻기 시작했다.

오래 전 내면 깊숙이에 숨어 있던, 공개적으로 꺼내기 좀 거시기 한(?) 질문들을 불경죄의 원성과 고소를 감안하고 하나씩 끄집어내어 묻고 답하기 시작했다. "교회를 옮기고 싶어요"는 그렇게 만들어졌다.

영적 성숙으로 가기 위한 성장통

성화의 여정 중에 있는 크리스천들이 갖게 되는 고전적인 질문들

신앙생활을 하면서 갖게 되는 의문부호가 느낌표로 업그레이드 되기
까지의 믿음의 신비를 소개합니다.